MESSAGES FROM THE SPORT FRONTIERS

スポーツ フロンティアからの メッセージ

新時代につなげたい想い

遠藤利明・馳浩 編著

大修館書店

はじめに

嘉納治五郎がわが国のスポーツの道を開き、スポーツを通じた人間教育・国際貢献の重要性を説いて一世紀が過ぎた。その間、スポーツは驚異的に発展し、政治的、経済的、さらには文化的にも極めて大きな社会的影響力を持つに至っている。2011年には、スポーツ基本法が立法され、スポーツの力をスポーツ立国に資する環境も整いつつある。今、求められているのは、スポーツの力を理解してスポーツ立国を進めていく志を持つ多様な人材である。スポーツ立国推進塾はかかる人材養成を目的として創設された。

スポーツ立国を推進する人材には、国や社会がどのような仕組みで整えられているかという「まつりごと（政）」についての視点が欠かせない。本塾では、直接国会議員の先生方から生きた情報を伺うことができる。また、経験値を伝承するため、これまで書物等に書かれていないことや、多様な事象の背後にある新たな捉え方など、他では決して聞くことができない話を聞く機会も企画した。塾生同士の、そしてアドバイザーの方々とのネットワーキングも塾の重要な目的とした。記念すべき塾一期生への講義を、「スポーツフロンティアからのメッセージ」と題してここにまとめた。願わくば、スポーツ立国を推進する人材養成の一助としたい。

2020年　春

スポーツ立国推進塾 運営委員長　河野一郎

スポーツフロンティアからのメッセージ■目次

序章 スポーツの今

ポスト二〇二〇への課題と私塾設立の経緯

昨年はラグビーのワールドカップ、そして今年2020年には東京オリンピック・パラリンピックが日本で開かれます（新型コロナウイルス感染拡大による世界状況の悪化を鑑み、延期が発表された）。大事なことは、2020年以降、スポーツの持つ力をどうやって生かしていくのかということです。

例えば、かつてスポーツ基本法を議論した時、スポーツは健康によいとか、スポーツに親しむ人は礼儀を守るとかのほか、地域活性化を図る、スポーツビジネスとしての経済効果がある、あるいは世界に貢献できるなど、スポーツが多様な力を持っていることが改めて分かりました。その力を最大限活かすには、スポーツの枠だけにとらわれず、ネットワークを広げていくことが重要なのです。

東京オリンピック・パラリンピックが終わって、熱が冷めてしまってはもったいない。むしろ、そこから先の時代において、スポーツ界の皆さんにはいろいろな力を発揮していただいて、いろいろな分野の発展、スポーツとは縁遠いように思われる国際貢献にまでその輪を結び付けていただきたい。その中でも特に若い人たちに是非ネットワークづくりをしてもらいたいのです。

以前、政治とスポーツ界はあまり仲良くありませんでした。1980年のモスクワ・オリンピックの参加を我が国が取りやめました。スポーツ界の皆さんは、それ以降、政治に関わっているとオリンピックに参加できなくなるかもしれないと政治から距離を置くようになりました。

2011年にスポーツ基本法を成立させた時、スポーツ界ではそうした国会の動きを表立って応援してくれる人はほとんどいませんでした。全国、各地域にいろいろなスポーツ団体がありますが、堂々と我々を支援してくれた団体もありませんでした。

私はスポーツにロマンを感じています。スポーツの持つ力を大きくしていきたい。いろいろな皆さんと交流し、予算をつくり、法律を通し、皆さんを応援したいのです。日本の若いスポーツ関係者がそれぞれの分野で活躍し、いずれ国際競技団体や国際組織のトップになってほしいのです。こうした夢を実現するため、このたびスポーツ立国推進塾をスタートさせました。

この私塾ではいろいろな分野のトップの方々に協力していただき、塾のアドバイザーになっていただきました。その中から、本書に登場いただいた方々には講師を務めていただき、塾生として集まった若者たちにいろいろな知識を伝えていただきました。本書では、その内容をまとめましたので読者の皆さんにもれなく吸収していただき、2020年の後もスポーツの持つ力をさらに大きくしていってもらえたらこれほど嬉しいことはありません。

◘スポーツ界は多様な人材の育成が急務

せっかくの東京オリンピック・パラリンピックです。これからのスポーツ界をどうしていくのか。オリンピック・パラリンピックのレガシー（遺産）って何だろうと考えていかないといけません。

考えるテーマは、スポーツの発展。ビジネス面だけではなく、スポーツの振興がありますし、障がい者スポーツもパラリンピックだけではありません。競技スポーツだけではなく、マスターズ大会やレクリエーション要素の強い大会もあるでしょう。スポーツに基づいた「する・みる・支える」といったことを総合的に推進する必要があります。

レガシーでいえば、どういう態勢が必要か、どういう財源、どういう人材が必要なのかが大切です。国会議員ではレガシーを議論するプロジェクトチームを立ち上げました。議論を重ねて、必要なことは法律化していく方針です。財源としてはスポーツくじ、例えば、プロ野球やバスケットボール等をくじの対象に加えることも検討していくことになるでしょう。

さて、２０１１年に施行されたスポーツ基本法はそろそろ10年を経とうとしています。パラリンピック以外の障がい者スポーツや、インテグリティ、健康まちづくりや地域貢献については、あまり記されていません。

スポーツ界の人材を考えると、日本ではこれまで、そのスポーツで頑張った人が組織の運営を担ってきました。多様なスポーツの持つ力を考えた時、アスリートはもちろん、大事ですけど、する・みる・支えるで、そのスポーツに関心がある人も組織運営に参画していかないといけません。既存の人間関係だけでは組織はなかなか進みにくくなっています。多様な人材にスポーツ界に参加していただき、組織運営に協力していただく。そういった人材を育成するべきです。

スポーツで活躍する人だけではなく、例えばインテグリティに関しては弁護士や公認会計士の皆さんの力が必要ですし、スポーツを持つ力を広報宣伝していく際にはメディアの人も必要になるでしょう。海外の国際機関で活躍できる人、ＪＩＣＡ（国際協力機構）など海外での普及に貢献できる人などなど……、多様な人を育成していきたいと考えています。

多様な経験がある人たちが互いに交流していく中で、スポーツを知り、社会が広がっていく。そういったことが、日本のスポーツ界の発展に繋がると考えています。

これまで、スポーツの社会はとても閉鎖的なので、どうしても視野が狭くなりがちでした。だからこそ、アスリートが視野を広めるために地域貢献に従事したり、海外に研修に行ったりして、視野を広めていってほしいのです。また逆に、ほかの社会からスポーツの世界に入ってもらいたいのです。この両方が必要でしょう。

例えば、オリンピック・パラリンピックを通じて、ボランティアは11万人、組織委員会の職員は8千人が生まれます。スポーツに関わってくれた、そういった人たちがネットワークの中心となってその先の社会でも活躍していく。そうなってほしいのです。

この多様な人たちは、東京オリンピック・パラリンピックの最大のレガシーとなります。このほかにも、海外チームを受け入れる地域のホストタウンの人たちもいます。このような方々の存在はものすごいネットワークになります。

この私塾では、最後に塾生が自分たちでプレゼンテーションをして、パネルディスカッションをしました（第7章参照）。若者はみんな、発想が豊かですごく積極的なことに驚きました。これまでのスポーツ界では大体、受け身で、先輩の言うことを聞いて、同じことを踏襲してきました。それがスポーツ界のよき伝統と言われてきました。しかし、今は違います。スポーツ界の人間も、それ以外の人たちとどんどん接触していく。お互いの輪が広がったと言えるでしょう。

読者の方々も、本書を読んでいただければ、自分たちが日本のスポーツ界をリードしていくという意識と積極性が出てくると確信しています。

これからのスポーツ界の運営に求められる人材は、まずはこの「積極性」でしょう。そして、「広い視野」です。もちろん、語学力も必要です。私もオリンピック・パラリンピック招致において活動して実感したのは、少なくとも英語ができないと話にならないということです。もちろん、できなくても、何とか活動することはできますが、例えば、レセプションなどに出席しても外国語がしゃべれないと新たなネットワークがつくれないのです。

ゴールドメダリストでも、語学力がなければ、コミュニケーションは図れません。私がオリンピック・パラリンピック担当大臣の時、国際イベントのレセプションに参加していても、外国の人は挨拶に来て、私が英語をしゃべらないと、すーっとよそに行ってしまうのです。これからの時代、全ての人に語学力は必須でしょう。

これからは、多様性というか、自分にはないもの、考え方を理解できる力が必要です。人間、みんな100%ではありません。足りないものがあります。他の人のそういう部分も受け入れることができるかどうか、です。ダイバーシティー（多様性）を受け入れる能力は大事です。自分の価値観と違う社会の人間とも触れ合う、意見交換もできる。異文化というか、異なるもの、違う考えを受け入れる、ということです。自分が持っていない考えから、違うものを受け入れられる人間の幅の広さのことなのです。

■次世代は刺激をもらって挑戦をしてほしい

私は人が好きだから、人間関係も広がっているのだと思います。これは、天性の性質かもしれません。やっぱり、今まで生きてきた中で、違う世界の人が入ってきた時に、その人と積極的にコミュニケーションをとることができるかどうかが大切だったのだろうと考えています。

この私塾の活動を通して1年間、若者を見て感じたのは、よくいろいろなことに関心を持って頑張っているなということです。スポーツ界においても、社会人のリカレント教育（学び直し）が拡大される傾向にあります。教育と就労を交互に行うことを勧める、それが現代の教育システムです。

戦後の日本というのは、私の頃（1950年頃）は年間270万人ぐらいが生まれて、戦後復興というひとつの方向に向かって、一斉に走っていました。人数が多いから、少々脱落者がいても、全体の勢いで目標に向かって走ることができました。しかし、年間の出生数が100万人を切った今、目標は明確ではありません。〝追いつけ、追い越せ〟のターゲットが見えません。ですから自分たちが新しいものを創っていくのです。大事なことは創造性だし、多様なものを受け入れる力なのです。これを、これからの子供たちは訓練していかないといけません。

これからは、〝古きを訪ね新しきを知る〟ではなく、〝古きを捨てて新しきを知る〟的な発想でやっていったほうがいいでしょう。失敗した時にドラスティックに物事を展開する勇気です。成功体験と言っても実は成長を止めるリスクもあります。なぜなら、あまり成功が長引くと、それが正しいのだと固定観念になってしまうことがあるからです。時代が変われば、もう成功はしにくくなります。いつも、思い切って転換できる勇気が大事ではないでしょうか。

スポーツ界も、年長者はパッと辞めて、若手に運営を任せるとかが求められてきていますよね。よくあるのは、後輩が育ってないから俺がやるといった風潮です。私はスポーツ界にいたのは短いですし、アスリートではありません。ただスポーツを楽しんできただけです。スポーツ界を外から見ていたからこそ、自由な発想でものが言えるのです。スポーツ基本法にしても、〝する・みる・支える〟の発想は、アスリートからは出てきにくいと思います。あのような新しい法律は、過去のしがらみに立場があるとなかなかつくれないものです。

今のスポーツ界はスポーツ基本法をベースとして動いているわけです。スポーツ基本法は理念法、精神論だから、理念に基づいて、パラリンピックを取り入れたけれど、スペシャルオリンピックやデフリンピックについては入っていません。でも、現実に障がい者スポーツとしては、3つともイコールですよね。それでは、スペシャル（知的障がい）やデフ（聴覚障がい）をどのようにスポーツ基本法の中に取り込んでいくのかも考えなくてはいけません

◘多様性こそが力

地域スポーツも競技人口が減ってきて、運動部活動も生徒減の影響を受けて活動が難しくなって

きています。日本では一種目のスポーツしか体験させないから、バランスの悪いアスリートになっていくのではないでしょうか。これがスウェーデンなどスポーツ強国では、強制的に複数の種目を経験させています。アメリカはシーズン制を導入しています。つまり、世界の若者たちは多様なスポーツを経験しているわけです。

このスポーツ立国推進塾のキーワードは多様性です。私は中央大学時代、ラグビーの授業で、桑原（寛樹）先生に出会ったのが大きかった。もともと私は柔道と野球をやっていて、両方の持ち味を生かせるというので、ラグビーをやったわけです。先生の指導するラグビーは、今の日本ラグビーが取り入れている科学的な練習を、40年も前にやっていたのです。桑原先生はくるみクラブの監督もされていた。すごく合理性に富んでいました。無駄な練習をだらだらしてはだめだとか。グラウンド整備は、一番余裕があって、練習を楽しくやっている4年生がやるのが当たり前だとか。やっぱり、スポーツもビジネスも、多様性、合理性が必要だと思っています。

■チャレンジして輝こう

もうひとつ、基礎はしっかり学ぶことです。塾生という原石をより輝かせるためには、自分で積極的にチャレンジしていく仕組みをつくってあげることです。たとえ、失敗しても、チャレンジしていく。

やはり若者には元気が大事なのです。失敗してもへこたれない。失敗したら落ち込むのは当たり前です。でも、失敗も自分にとっていいことだと考える。失敗から多くを学べます。失敗も結局は、自分のためになると思えば大したことではありません。チャレンジです、チャレンジ。

この私塾はいわば、若者の人材育成の場です。塾生だけでなく、本書を通して、読者の方々も何らかの刺激を受け取ってほしい。そして、それぞれが未来に向かって挑戦していってほしいと強く願っています。

（遠藤利明）

第2章

オリンピック・パラリンピック大会招致プロセスの検証

空白期間のグローバル戦略と現地での危機対応

２０２０年を迎えました。東京で2回目のオリンピック・パラリンピック大会が開催されます（その後、延期が発表された）。そこで、開催決定に至るまでのプロセスとその時々での対応について振り返り、その経験を共有できたらと思います。

＊

１９６４年に続いて2回目となる２０２０年オリンピック・パラリンピック大会の日本開催がブエノスアイレスのＩＯＣ総会で決定したのは２０１３年9月。東京としては、2度目の挑戦でした。私は２０１６年大会招致委員会の事務総長を仰せつかった２００６年から、２０２０年大会開催が決定した２０１３年までおよそ7年間にわたって大会招致に関わりました。２０１６年大会の招致は成功しませんでしたが、その経験を２０２０年大会招致に繋げることができました。個人的視点になりますが、この7年、どのようなプロセスを経てきたかについて3期に分けて紹介したいと思います。

第1期は２０１６年大会の招致活動です。２００６年から２００９年の3年間がそれにあたります。招致についての経験値のないままにスタートして、試行錯誤の繰り返しでした。この第1期の経験がなければ、２０２０年大会の招致活動はなかったと思います。

第2期は２００９年から２０１１年で、２０１６年大会の招致不成功から、２０２０年大会の招致活動を始めるまでの空白の期間です。この期間の活動が重要でした。これまで、ほとんど注目されていないと思います。

第3期は２０１１年から２０１３年です。これはまさに２０２０年の招致活動そのものです。

1　第１期　２０１６年大会招致活動（２００６年～２００９年）

■投票結果の振り返り

表１は、コペンハーゲンでの投票結果です。第１回投票は、マドリードが28票でトップ、東京は22票で３位でした。当該国のＩＯＣ委員を除く94票を４都市が争ったわけですが、トップのマドリードでも28票で29％、２位のリオデジャネイロが26票で27％、東京は３位で23％、シカゴは18票でおよそ20％です。予想通り第１回目の投票は大接戦でした。過半数を獲得している都市がない場合は、最初に、得票数の少ない都市が脱落して、次の投票にいきます。投票は、電子投票で行われます。

第１回目の投票結果が出て、「やった！　シカゴに勝った」と思カゴに勝った。オバマのシカゴに勝った」と思

表１　2016年大会と2020年大会招致における投票結果

2016年大会招致における投票結果			
Rounds of voting	Round 1	Round 2	Round 3
Chicago	18	—	
Tokyo	22	20	—
Rio de Janeiro	26	**46**	**66**
Madrid	**28**	29	32
Total	*94*	*95*	*98*

2020年大会招致における投票結果			
Rounds of voting	Round 1	Round 1 Breaker	Round 3
Istanbul	26	**49**	36
Tokyo	**42**		**60**
Madrid	26	45	
Total	*94*	*94*	*96*

ったとたんに、第2回目の投票が行われ、東京の脱落が判明しました。電子投票は、味気のないものです。

脱落したシカゴへの票は、同じ大陸ゾーンに位置するリオデジャネイロに全て行き、第1回投票の東京の2票もリオデジャネイロに流れてしまいました。マドリードは1票しか伸ばせませんでした。最終投票では、東京への票がほぼリオデジャネイロに行き、リオデジャネイロが開催権を獲得しました。

活動中は、感じませんでしたが、結果をみると〝南米初、オリンピックムーブメントを若い国ブラジルに〟と掲げたリオデジャネイロの時であったのかもしれません。

■招致活動の振り返り

まず、招致活動を振り返ってみたいと思います。

招致活動は初めてのことばかりで、予想外のことに直面することが多かったという記憶があります。評価委員長は、ムタワケルさんというモロッコ出身の、北アフリカで初めて女性での陸上のメダリストとなったＩＯＣ委員です。ＩＯＣ事務方のトップはフェリーさんというスイス出身の元プロスキーヤーで、ＩＯＣの立場で招致活動に何回も関わってきた方でした。評価委員会から、多様な質問を受けました。非常に答えにくい質問がいくつもありました。

例えば、次のようなものでした。

・メインスタジアムが海の中にあるけど、テロは大丈夫か。潜水艦からの攻撃は防げるのか。
・軍隊はどうなっているのか。自衛隊？　軍隊ではないのか？　陸海空三軍の将はだれか。軍事の専門家ではないのか。
・東京のアイコンは何か？　東京タワー？、エッフェル塔と似ているようだが。東京駅のモデルは、オランダか？　雷門の文字は、中国語とどう違うのか？
・オリンピック・ムーブメントに対してどのような貢献をしてくれるのか。
・国際貢献は、どのように考えているのか。
・環境が重要なのは分かるけれど、それはメインテーマなのか。国連のテーマではないのか？
・東京で開催したら、何が面白いのか。何か楽しいことはあるのか。
・東京で開催したら、各大陸の国々にどのようなメリットがあるのか。

そういった質問を招致のプロセスで、繰り返し受けました。

図1は、敗因の私的な分析です。主なものは、5つぐらいあったと思います。

第1は、予想に反して、メインスタジアムの評価が低かったと感じました。海上にあり、天候に左右されやすい。テロからの守りに不安のあるところで開催するリスクは避けたいなど…

第2は、アイコンの建物がないところでオリンピックはやったことがない。東京のアイコンを挙

1. メインスタジアムの低評価
- 海上にあるためセキュリティと観客の動線が問題
- 天候に左右される

2. アイコンとなる建築物の欠如
- シドニー、アテネ、北京、ロンドンなどと比較

3. 選手村計画の低評価
- 狭い、トレーニング施設が不十分

4. アピールポイントの失敗
- 環境五輪（IOC の主テーマ？）

5. 国際貢献の具体策の欠如

図 1　2016 年大会招致における敗因の私的分析

げてください。富士山は分かるが、東京ではない。東京タワーや東京駅などは、他の国にも似たものがありそうだ。シドニーのオペラハウスのように、その国に行ったことがなくとも写真を見れば分かるようなアイコンが欲しい…

第3は、選手村の低評価です。狭い。トレーニング施設がない。なぜ、選手村の上をゆりかもめが通っているのか。テロ対策上、リスクがある。

第4は、環境五輪を謳いましたが、受けなかった。結果論ですが、アピールポイントの設定の問題です。

第5は、国際貢献の具体策の欠如です。東京は、自分の良いところを強調しているが、大会を開催してどのような国際貢献を行おうとしているかが分かりにくい。何をやっているのか、何をやろうとしているのかを具体的に示してほしい。

この質問に、彼ら彼女らが満足するような答えを示せなかったことが敗因と思います。

このように敗因を述べましたが、他方でレガシーも残ったと思います。

私が、招致委員長を仰せつかったときは、「東京オリンピック大会招致委員会」でした。招致委

図２　大会招致におけるオリンピアンとパラリンピアンの融合

員会の名前に、パラリンピックが入っていなかったのです。定款を変えて名前にパラリンピックを入れようと思いました。当時は、各方面から余計なことをするなとお叱りを受けましたが、関係者を説得し、定款変更をして「東京オリンピック・パラリンピック招致委員会」とすることができました。オリンピックとパラリンピックが並列で入ってないことは今では考えられません。この定款変更のおかげで、招致活動にパラリンピアンに加わっていただくことができました。いまでは、当然のこととなっていますが、当時はそうではありませんでした。

大会招致で初めて、オリンピアンとパラリンピアンの融合ができたのです（図２）。スポーツ庁長官となった鈴木大地さん、ＪＯＣ会長となった山下泰裕さん、Tokyo 2020 組織委員会の室伏広治さん、参議院議員の橋本聖子さん、荒木田裕子さん、小谷実可子さん、高橋尚子さんなどのオリンピアンに、ＪＰＣ委員長となった河合純一さんと田口亜紀さんの二人のパラリンピアンが、力を合わせて大会招致という活動に初めて一緒に取り組みました。日本にとって歴史的なオリンピック・パラリンピック大会招致活動となりました。

２００７年には、スポーツ立国推進塾塾長の遠藤利明先生に声をかけていただき、スポーツ基本法へのスタートとなる通称〝遠藤レポート〟「スポーツ立国ニッポン～国家戦略としてのトップスポーツ～」の作成にも関わらせていただきました。

２００８年の北京オリンピックでは、北京で招致活動を展開しました。また同年には、小学生、中学生、高校生向けのオリンピック教育読本も作成し配布しました。その後、高等学校の学習指導要領において「アンチ・ドーピング」とともに「オリンピック・ムーブメント」が学習義務事項になりました。

第１２１次ＩＯＣ総会が、２００９年10月にコペンハーゲンで開催され、最終プレゼンテーションの場所となりました。投票経過は、先に述べましたが、コペンハーゲンでは運河沿いに本部を設置して、石原慎太郎都知事をはじめ最終プレゼンテーションの仕上げを行いました。

プレゼンテーションのトップバッターには、未来志向をアピールするために「れさちゃん」という少女に託しました。素晴らしいパフォーマンスをしてくれました。彼女の存在を周囲に悟られないように、こっそりと本部に出入りしてもらいプレゼンの練習をしたことは懐かしい思い出です。

今は、ニューヨークで活躍していると聞きます。

コペンハーゲンには就任間もない鳩山由紀夫首相においでいただき、プレゼンテーションをしていただけることになったのですが、現場としては困ったことが起きました。ニューヨークの国連総会でのスピーチ直後ということもあり、45分のプレゼンのうち30分を使いたいとの強い要請がきたのです。直前の国連総会で発表された環境がメインテーマということも分かりました。せっかく、首相においでいただくので、しっかりとプレゼンしていただきたいのはやまやまでしたが、それは投票権のあるＩＯＣ委員の望むところでないことは分かっていましたから、短くしていただくために随分とやりとりさせていただきました。

シカゴのプレゼンテーションに当時世界的に人気のあるバラク・オバマ大統領夫妻が登壇するかどうかは、最後の最後まで分かりませんでした。確信したのは、空港にエアフォースの係留スロットが予約されたという情報を得た時です。これで、オバマ大統領のプレゼンテーションがあると招致メンバーの心の準備ができました。

ところが、ここで想定外のことが起こりました。最終プレゼンに向かうために日本が用意していたルートが、オバマ大統領のために急に封鎖されてしまったのです。現地スタッフの必死の交渉でなんとか移動でき、間に合ったのですが、一時は、プレゼンせずに敗退かと、青くなりました。

日本からも弾丸ツアーで、応援団が来てくれました。オリンピック３大会メダリストの田辺陽子さんなども参加してくれていました。この応援団の前でホテルから出陣しようとした計画が、オバマ大統領の封鎖ルートに引っかかってしまったのです。このツアーはシティセンターのパブリックビューイングで日本のプレゼンテーションの様子を見る予定でしたが、やはり厳しいセキュリティのために遅れて、シティセンターに着いたときには、日本のプレゼンが既に始まっていたそうです。せっかく日本から来ていただいたのにと、後でこのことを聞いて申し訳なく思った次第です。

　帰りのチャーター機では、この応援団の方々も一緒でした。石原都知事が涙を浮かべながら応援団に「有難う、有難う」と、機中をまわった姿は目に焼き付いています。石原都知事の大会への思いは、純粋でした。

　チャーター機ということもあり、コペンハーゲンで飛び立ってから、羽田に着陸するまで機中で立ったままでシートに座ることもなく、これまでのこと、これからのことを、２０１６年招致チームのメンバーと語り合いました。用意してあったアルコールが無くなったころ羽田に着きました。良いチームでした。

　２０１６年の招致活動は、不成功に終わりましたが、招致に係わった組織と人に経験値が残りました。記録を残すことが重要と考え、招致委員会としてまとめを残しています。

2

第2期　空白の期間（２００９年～２０１１年）

■招致の鍵は継続にあり

大会招致では、初めての挑戦で開催権を勝ち取ることは難しいとされています。リオデジャネイロでの結果しかりです。招致の鍵は、継続にありと言われていました。２０１６年大会の招致不成功の後しばらくは、東京都が２０２０大会に再び手を挙げるかどうかは、分かりませんでした。しかし、立ち止まって何もしないよりは、できることをしておこうという思いでした。

ＩＯＣのルールで招致期間に、ＩＯＣ委員は立候補都市を訪問することは禁じられています。ソルトレイクシティの招致の時に、過激なＩＯＣ委員への接待合戦があり何人かのＩＯＣ委員がその立場を奪われました。このような過剰な招致合戦がないように、とのルールです。インテグリティの観点から、極めて重要な決定です。立候補都市からすると、現地を直接見ていただくことができないＩＯＣ委員にどのように、都市をアピールしていくかが大切になってくるわけです。現地を見ることのできない投票権を持つ委員に、都市の良さをプレゼンテーションだけで理解してもらうのは大変難しい問題です。それだけに、招致に手を挙げる前に、ＩＯＣ委員に東京そして日本を見ていただく機会をつくることが重要と考え、嘉納治五郎先生の生誕１５０周年記念の際には何人かのＩＯＣ委員をお呼びしました。その際には、柔道創始者の嘉納治五郎先生の記念行事ということで、講道館の上村春樹館長に大変お世話になりました。

ＩＯＣ委員からの質問で挙げましたが、２０１６年招致ではＩＯＣ委員から見て分かりやすいオリンピック・ムーブメントの普及活動への取り組みをしていなかったことがありました。オリンピック教育、オリンピズム研究に、きちんとした体制で取り組んでいることを示すためにはどうしたらよいかと考えました。振り返ってみると、多くの国にはある「ＩＯＣ公認のオリンピック研究センター」が日本にはなかったのです。なんとか日本にＩＯＣ公認のオリンピック研究センターを設置しようと思い、ＩＯＣや関係者に電話したりしましたが、埒が明きません。このままでは、「ＩＯＣ公認のオリンピック研究センター」を日本に設置することはできない、直接対話で突破するしかないと感じていました。

いまでも無謀なことをやったなと思います。２０１０年のシンガポールで行われた第1回ユースオリンピックにそのチャンスを見出しました。ユースオリンピックに限らず、大会最初のメダルセレモニーのときは、会長などＩＯＣの幹部が会場に行きます。第1回ユースオリンピックの最初のメダル種目がトライアスロンでした。しかも日本の佐藤優香さんに金メダルの可能性があることが分かったのです。

そしてなんと２０１６年招致の仲間が現地に居たのです。現在 Tokyo 2020 スポークスパーソンの重責を担っている高谷正哲さん（本塾一期生）が、当時国際トライアスロン連盟の広報としてシンガポールに来ていたのです。彼に助けてもらいながら、セキュリティを突破して、メダルセレモニーに行き、「２０１６年は成功しなかったが、そのレガシーとしてＩＯＣ公認のオリンピック研究センターを日本に設置させて欲しい。敗れた都市にレガシーを残さなくてよいとは思わない」とＩＯＣの幹部に直談判をしました。そのときの返事は「敗れても立候補都市は大切だ。趣旨は分かった」というものでした。リップサービスかとは思いましたが、確認のメールを送りました。

その後、しばらくしてからロゲＩＯＣ会長から手紙が来ました。初代のＩＯＣ委員である嘉納治五郎先生が長く校長を務めた東京高等師範、現在の筑波大学に「ＩＯＣ公認の研究センター」を創ってもよい、ついては私を窓口として指名するのでＩＯＣの担当部署とのやりとりを進めるようにという内容でした。また、２０１６年の東京招致の最も価値のあるレガシーであるとの記載もありました。無謀と思った作戦が大成功でした。嘉納治五郎先生のこともあり、２００６年10月に筑波大学からロゲ会長に名誉博士号を授与させていただいたことも役立ったかと思います。２０１０年12月に筑波大学にＩＯＣ公認のオリンピック研究センターを設置することができました。

敗因の一つに国際貢献のアピールが足りないことを挙げました。これは、日本アンチ・ドーピング機構（ＪＡＤＡ）の活動をもっとアピールしておけばよかったと思いました。図3は、ＪＡＤＡの活動の国際展開の実績を図示したものです。アジア地域のアンチ・ドーピング活動にＪＡＤＡは欠かせない存在になっています。ＪＡＤＡは、国際アンチ・ドーピング機関のトップ5に入るような評価も受けています。私自身が、世界アンチ・ドーピング機構（ＷＡＤＡ）の創生期からいろいろな委員会の委員を務めていたこともあり、ＷＡＤＡと強い繋がりを持っていました。２００３年に採択された世界アンチ・ドーピング規定の草案委員会のワーキング・グループに指名されたり、２００５年10月に記載された第33回ユネスコ総会には文部科学省の参与として「スポーツにおけるドーピング防止に関する国際規約」の最初の会合に参加させていただいたりと、アンチ・ドーピン

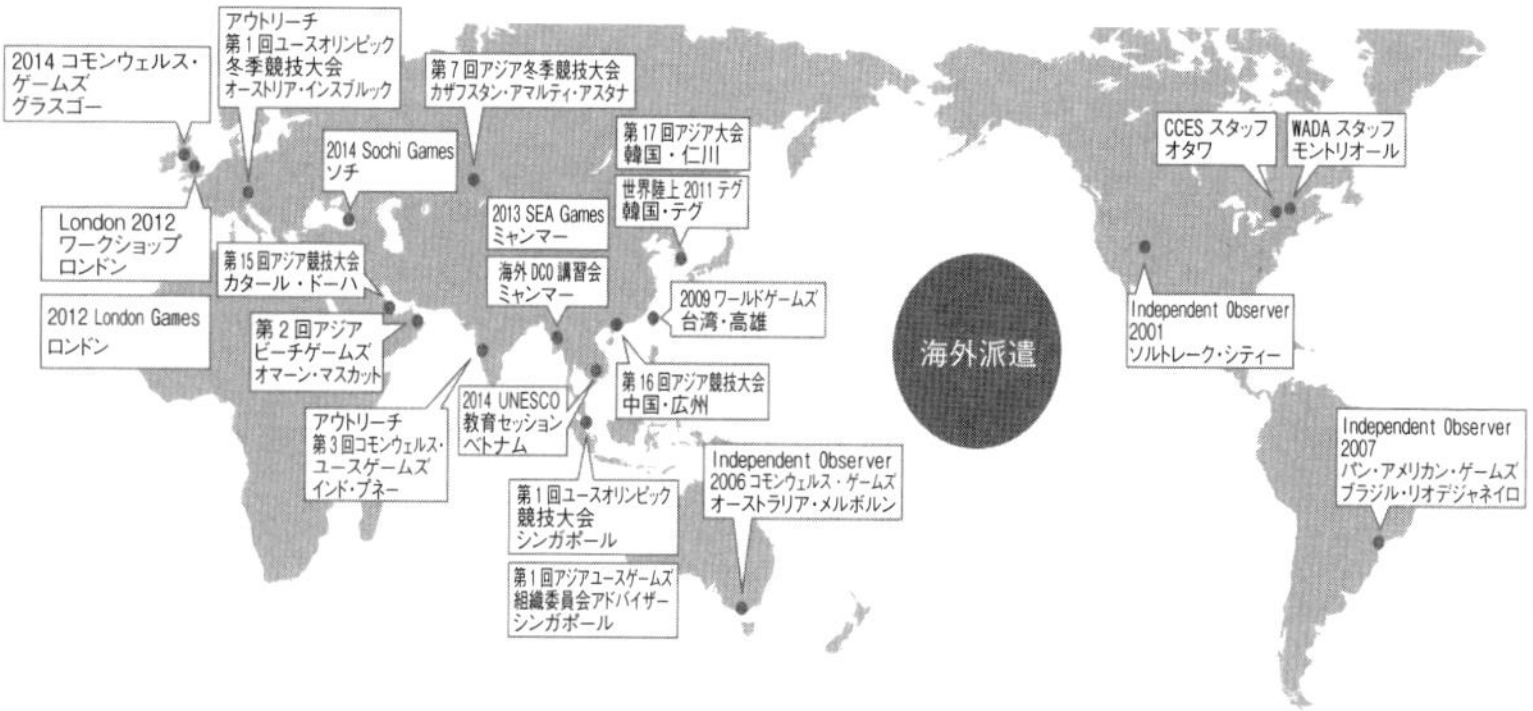

図3 日本アンチ・ドーピング機構（JADA）によるグローバル展開と国際貢献の実践例

グに関係する国際的な人脈が広がりました。WADAが最初にアスリート委員会を作った際にも、WADAから要請され、オリンピアンの田辺陽子さんに委員になっていただきました。彼女の柔道着は、モントリオールのWADAの本部に飾られています。その後、スポーツ庁長官の鈴木大地さん、そしてTokyo 2020のスポーツダイレクターの室伏広治さんなどを推薦させていただきました。その活動も高く評価されていました。

空白の期間中の2011年2月に、WADAのアスリート委員会を日本で開催し、委員会のメンバーであるIOC委員をお呼びすることができ、日本のシンパ（支持者）になっていただきました。スポーツの国際統括機関に、日本人が活躍する機会をつくれたことで、WADAにおける日本のネットワークはさらに広がりました。

現在のWADA会長のクレイグ・レイディ卿が、後に2020年招致の評価委員会の委員長として、東京を視察に来日することになることは、この空白期間にはまだ決まっていません。レイディさんは、ロンドンオリンピックの招致活動をリードした方です。彼はWADAの財務委員長を長らく務め、WADA創設の時からの長い友人です。

東京が再度招致に挑戦するかどうか分かりませんでしたが、後で取得が困難になるtokyo 2020が入った複数のドメイン（tokyo2020.jp など）を押さえておきました。

空白期間のこのような活動が、後で活きてくることになりました。

3　第3期　2020年大会招致活動、ファイナルステージ（2011年〜2013年）

■再挑戦の決断

２０２０年大会招致成功の最大の功労者は誰かと聞かれたら、迷わず石原慎太郎さんを挙げたいと思います。２０１１年3月11日に東日本大震災が発生しました。もう２０２０年招致は無理だろうと思った方も多かったと思います。

当時、２０２０大会に再挑戦することへの支持率はかなり低く、再挑戦すると言ったらさらに支持率は低くなると思っていました。ところが、図４にあるように、石原さんは「２０１１年の３・11のあとで、たいまつの火は消すまい」と言ってくれたのです。再挑戦することを決断してくれた要望書を受け取った石原知事は、「私は心中**たいまつの火は消すまい**と決めていますが、目標を持ってみんなで肩を組んでやらなければいけないので、是非、みんなに東京招致を考えてほしい」と答えました。そして、「国難に近い災害に見舞われて、この辺りで日本人が精神的にも立ち上がらなければいけないと私は念じています。スポーツは人生の大きな支えになる。スポーツで鍛えて培った健全な精神が衰えてくる肉体を支えてくれます。それを身をもって証明するのが、選手諸君の責任であり仕事だと思います。まずは来年のロンドン大会と5年先のリオデジャネイロ大会で、メダルをたくさん獲ってきてほしい。それでなければ国民の気持ちは盛り上がらない。皆さんの来年、5年後の活躍に期待しています」と話し、会場に集まった選手たちを激励しました。

図4　石原慎太郎都知事（2011年6月27日当時）の大会招致への決断（2020年オリンピック・パラリンピック招致を東京都に要請された際に「たいまつの火は消すまい」と回答された）

のです。もちろん、背景では多くの方と話をされたと伺っていますが…。

「日本人がいま、内向きになっている。3・11を乗り越えろ。人生において、スポーツは重要だ。そこで培ったもので、体は衰えても、精神を保ってくれる。それを身をもって証明するのが選手の責任であり仕事だ」と。見事にスポーツの力を述べておられます。

最近、2020大会との関連で、石原慎太郎さんの名前を聞くこともなくなりました。少し、寂しい思いです。石原さんの決断がなければ、2020大会は無かったのです。

■スポーツ基本法成立

2011年6月にスポーツ基本法が公布されました。これこそ、このスポーツ立国推進塾を主催されている遠藤利明先生、そして富田茂之

（国の責務）
第三条　国は、前条の基本理念（以下「基本理念」という。）にのっとり、スポーツに関する施策を総合的に策定し、及び実施する責務を有する。

（国際競技大会の招致又は開催の支援等）
第二十七条　国は、国際競技大会の我が国への招致又はその開催が円滑になされるよう、環境の保全に留意しつつ、そのための社会的気運の醸成、当該招致又は開催に必要な資金の確保、国際競技大会に参加する外国人の受入れ等に必要な特別の措置を講ずるものとする。

図５　スポーツ基本法

先生、奥村典三先生、笠浩史先生をはじめとする超党派の国会議員の先生方の長期にわたるご努力のおかげです。このスポーツ基本法は、２０２０大会の招致に極めて大きな役割を果たしました。２０１６大会招致の時にも、政府の財政保証を整えるのに、遠藤先生をはじめ多くの先生方に大変ご苦労いただきました。最終的にはときの麻生太郎総理に財政保障のサイン（確約）をいただきましたが、根拠となるスポーツ関連法はあるのかとの質問を多く受けました。この質問に答えるのは難しかった記憶があります。スポーツ基本法の基本理念の第三条に国の責務を書かれ、第二十七条で必要な資金の確保まで踏み込んで書いていただきました（図５）。この法律が背景となり、財政保証の問題、議員の先生方からの支援、在外公館からの協力などが円滑に行えるようになりました。本基本法成立のためのプロジェクトチームのアドバイザリーボード座長としてこのスポーツ基本法の成立に関われたことに感慨深いものがありました。

２０１３年５月には、ＩＯＣ委員の多くが出席するスポーツアコードというイベントがサンクトペテルブルクで開催されました。超党派の活動として、遠藤先生、馳浩先生にもおいでいただき招致活

図６　嘉納治五郎記念国際スポーツ研究・交流センターの考え方
（同センターより）

動を展開していただきました。２０１６年招致の時には、考えられないことです。

■日本のスポーツ１００年記念事業

２０１１年７月には、現上皇陛下である平成天皇陛下と皇后陛下ご臨席のもと日本のスポーツ１００年の記念式典が開催されました。この式典には、ロゲＩＯＣ会長が来日され、日本の良さを直接見ていただくことができました。この１００年の記念事業の一環として設立したのが、嘉納治五郎記念国際スポーツ研究・交流センターです。この嘉納治五郎センターの考え方が、この後の招致活動に役立つことになります（図６）。

■ロンドン・オリンピック・パラリンピック大会

２０１２年の８月には、招致活動の山場の一つであるロンドン・オリンピック・パラリンピック大会を迎えました。当時、私は日本スポーツ振興センター（ＪＳＣ）

の理事長を拝命していたこともあり、ＪＳＣの役割として日本選手団へのサポートと同時に招致活動支援を積極的に推進することを心掛けました。日本スポーツ振興センターの英文表記は、ＮＡＡＳＨ（National Agency for Advanced Sports and Health）でしたが、国外の仲間から分かりにくいとの指摘もあり、国際的にも通用しやすいＪＳＣ（Japan Sport Council）と変更しました。

日本選手団への現地でのサポートハウスの設置は、いまでは定番になった感がありますが、オリンピックで最初に設置したのはロンドン大会からです。ＪＳＣとして、ロンドン事務所を開いていたこともあり、現地スタッフがいろいろなハードルを乗り越えて実現してくれました。このロンドン事務所の開設にあたっては、本塾一期生の何人かが大変努力してくれました。英国のスポーツ系大学の雄であるラフバラ大学とも提携を結び、競技団体のために環境を整備しました。ロンドン大会のＣＥＯのセバスチャン・コー氏は、現在国際陸上競技連盟の会長でこのラフバラ大学の出身です。コー氏は、２０１６年招致の際、結果が出てからですが、私のところに来て「プレゼンテーションは東京が一番良かった」と言ってくれた人物です。

初めての試みのサポートハウスは、オリンピック・スタジアムの近くに一棟借りして設営し、選手やコーチから高い評価をいただきました。ロンドン大会での選手の活躍に少しは役立つことができたと、設置までのハードルが高かっただけに、大車輪で働いてくれたスタッフに感謝するとともに、安堵しました。

大会期間中は、公式にＩＯＣ委員とお会いする機会が多く、このサポートハウスを見学していただくなどして、貴重なネットワークづくりと信頼関係を築く場とすることができました。

また、ロンドン大会期間中には、森先生、遠藤先生、馳先生をはじめ多くの国会議員の先生方に現地での招致活動を展開していただきました。その際には、このサポートハウスにも訪問していただきました。その後のオリンピックの際には、サポートハウスが、国会議員の先生方の視察コースに組み入れられるようになりました。

選手の大活躍が、国内外の招致活動の機運に弾みをつけたことは言うまでもありません。銀座でのパレードには50万人が集まりました。

大会期間中に、国連開発と平和のためのスポーツ局（UNOSDP）で代表を務めるヴィルフリート・レムケ国連事務総長特別顧問（開発と平和のためのスポーツ担当）と交渉し、JSCからUNOSDPへの日本人スタッフの派遣と、2014年11月のユースリーダーシップキャンプの東京開催を決めていただきました。レムケさんは、サッカーの奥寺康彦さんがドイツのブンデスリーグに最初に行ったときのチームのGMを務めていた方です。日本が、スポーツを通じた国際貢献に積極的であることを、具体的に示すことができました。その後UNOSDPユース・リーダーシップキャンプを2016年まで4回、嘉納治五郎センターが中心となり多くの関係者の協力をいただき、各国の若者を招いて開催しています。参加者には、東日本大震災の被災地にも行っていただき、スポーツの力を復興支援に活かす方法について、被災地の皆さんと参加者が直接ディスカッションをしました。イスラム圏からの女性の参加者にボクシングを経験してもらったりもしました。この際に柔道を経験させていただくなど、講道館の上村春樹館長に大変お世話になりました。このプログラムを通じ、日本への応援団が増えたと信じています。

またロンドン滞在中には２０１６年大会の招致以来、国際パラリンピック委員会会長のフィリップ・クレイブン卿とお話しさせていただく機会があり、ＪＳＣとしてパラリンピアンの雇用を進めました。

■ＪＳＣセンター法改正

２０１３年4月には、大会招致を念頭におきながら、日本スポーツ振興センター（ＪＳＣ）のセンター法を改正させていただきました（図7）。主目的は、ＪＳＣの業務として、ドーピング防止活動に取り組むことと、現在関心が高まっているインテグリティユニットを設置することでした。3月には、アンチ・ドーピング事業準備室を立ち上げておきました。また、スポーツインテグリティを守るために、（第3章執筆の）境田正樹先生にご協力をいただき第三者機関を立ち上げました。

このセンター法の改正で、個人情報を扱うインテリジェント活動に取り組むことができるようになり、国際的にも信頼を得ることができるようになりました。ＩＯＣ総会にようやく間に合うタイミングでした。これで、総会での日本に対するドーピング体制についての批判的な質問を押さえることができました。また、２０１３年6月には、欧州評議会（Council of Europe）の「スポーツの結果操作に対する国際条約」起草条約会議への参加と繋がりました。

第十五条（業務の範囲）第六項

スポーツを行う者の権利利益の保護、心身の健康の保持増進及び安全の確保に関する業務、スポーツにおけるドーピングの防止活動の推進に関する業務その他のスポーツに関する活動が公正かつ適切に実施されるようにするため必要な業務を行うこと。

→ **インテグリティ・ユニット設置根拠に！**

図７　日本スポーツ振興センター法改正の要点

インテグリティユニット設置については、当初ＪＳＣ内部でもなかなか理解が得られませんでしたが、理事長として強く推進しました。その後開催した第一回のシンポジウムに、鈴木寛先生に講師をお引き受けいただいたことで、ようやく周囲もその重要性がわかったような状況でした。スポーツにおけるインテグリティが当たり前のように議論される今では考えられませんが、当時はそのような状況だったのです。

■ＪＳＣ国際戦略

日本としての国際貢献をアピールするために、ＪＳＣとして、戦略的にＩＯＣ委員のいる主要国とＭＯＵ（Memorandum of Understanding）を締結しました。２０１３年４月にアジアのシンガポール（Singapore Sports Council）と、6月に北半球の英国（UK Sport）と、そして8月には南半球のオーストラリア（Australian Sport Council）とそれぞれＭＯＵを結びました。また、英国のラフバラ大学には、研究オフィスも設置しました。

ＪＳＣとＪＡＤＡの国際戦略の一貫として、２０１３年4月には、馳先生が参加されたペルーのリマで開催されたＩＯＣのスポーツ・フォー・オール会議、８月には下村博文文部科学大臣（当時）が参加されたロシアのモスクワで行われた国際陸上競技連盟による世界陸上選手権などにおける招致活動支援が展開されました。

また、２０１３年６月には、日本製薬団体連合会のご協力を得て、世界アンチ・ドーピング機構と日本アンチ・ドーピング機構とで共同宣言を調印していただき、ＪＳＣとして、公にドーピング防止活動に取り組んでいることを含めて世界にアピールしました。

□テクニカルブリーフィング

２０１３年の7月にローザンヌでＩＯＣによるテクニカルブリーフィングが開催され、立候補都市のイスタンブール、マドリード、そして東京のプレゼンテーションが行われました。９月の最終プレゼンに向けての大きな山場でした。テクニカルブリーフィング直前は、マドリードが頭一つリードしている状況で、東京はむしろ危うい状況でした。

（1）白紙となった新国立競技場により危機を切り抜ける

２０１３年7月のテクニカルブリーフィングの直前、極めて日本に不利な状況になったと感じていました。背景の一つは、ニューヨークに行かれた猪瀬直樹東京都知事（当時）が、"Islamic countries, the only thing they share in common is Allah and they are fighting with each other, and they have classes."とイスラム教徒に対して差別的と取られる発言を行ったことです。後に謝罪することになるのですが、この発言はイスラム圏からの立候補都市であるイスタンブールを批判することとしても捉えられ、招致活動の視点から不利な状況になっていたのです。ＩＯＣは、宗教に関わる発言に大変神経質でタブーとされています。

この状況を救ってくれたのが、ブースに展示した新国立競技場計画だったと思います。後に、白紙撤回となったのですが…。

都知事の発言を取り上げて、イスラムを軽視するのかといった質問が集中しました。テクニカルブリーフィングのために用意されたブースに展示した新国立競技場計画を前に、「この設計者のザハ・ハディドさん、どこの出身かわかりますか。しかも女性ですよ。日本がもし、イスラムを軽視しているのなら、何もわざわざ、新国立競技場の設計をイラク出身の彼女に頼むわけはありませんん。」と言い切りました。これは説得力がありました。これでとりあえず都知事発言はクリアすることができました。これは、東京大会のレガシーとしてすばらしいアイコンになるだろうと、何人かのＩＯＣ委員が話してくれたことを覚えています。この新国立競技場が東京大会のアイコンとして、開催決定後もしばらくＩＯＣのオリンピック・ミュージアムに掲げられていました。

また、新国立競技場を日本の最先端技術のショウケースとするというコンセプトには、極めて高い関心を集めました。同時に、日本の技術の最新性を示す8Kハイビジョンの映像技術をブースで展示しました。これは、多くのＩＯＣ委員の興味を引きました。この2つがなければ、東京は不利な状況をひっくりかえすことは、難しかったように感じています。

（2）スポーツ・フォー・トゥモローの披露

山場であったテクニカルブリーフィングには、オリンピアンである麻生太郎先生に元総理、財務大臣として、公務ご多忙の中、ご登壇いただきました。力強く政府の支援をＩＯＣ委員に直接訴えていただきました。

スポーツ・フォー・トゥモローの考え方をＩＯＣに初めて披露したのが、このローザンヌでのテクニカルブリーフィングです。招致委員会が、立候補ファイルに書いてないことをプレゼンすることはご法度です。案の定、プレゼンしたあと、評価委員会からのヒアリングがありました。「立候補ファイルに記載していないプログラムを出すのはルール違反じゃないのか」という強い批判です。我々は想定していましたので、驚きませんでした。

クレイグ・レイディ評価委員長から、公式なヒアリングがありました。想定通り、「これは招致委員会ではなく、国のプログラム。しかも１９６４年のレガシーとしてずっとやってきたことをもう一回やって、リニューアルしただけだ。これこそ国を挙げてオリンピズムを推進している証拠である」と回答しました。予定通りオーケーとなりました。前述のように、クレイグ・レイディさんは、長い友人です。

これで、最終プレゼンの柱ができたのです。スポーツ・フォー・トゥモローの考え方を、内々ですがある関係者に打診をして行けそうな感触を得ており、オーケーとなる確信がありました。テクニカルブリーフィングが終わってからでは間に合わないと思い、見切り発車で「オリンピズムの進化と深化」と題する国際会議をローザンヌのテクニカルブリーフィングの直後にあらかじめ計画しておきました。ここで、英国ラフバラ大学のイアン・ヘンリー教授を招聘し、「大会開催を通じたオリンピック・ムーブメントへの貢献~ロンドンの事例から」と題した基調講演をお願いし、オリンピズムの重要性を彼の言葉で話してもらったのです。日本人の我々が話すよりも、ロンドンオリンピックでの経験値のある英国のアカデミズムから話してもらうほうが、説得力があると考えたからです。そして、彼の原稿を総理のスピーチライターの方に参考としてお渡しいたしました。

これで勝負となるブエノスアイレスでの最終プレゼンへの仕込みはほぼ終わり、プレゼンの柱も決まりました。総理から、技術の粋を集めた新国立競技場をアピールしていただき、そして、オリンピズムに触れ、スポーツ・フォア・トゥモローのコンセプトをＩＯＣ委員に国として総理からお約束いただく。あと必要なことは、２０１６大会の敗因となった事項を踏まえ、空白期間の活動をアピールしつつ、継続的な招致活動を展開したことをシナリオに織り込むことでした。

スポーツ・フォー・トゥモローのネーミングですが、英語ではSport for Tomorrowとしました。Sports for Tomorrowという、Sportに“s”をつけた案もありました。アメリカでは、Sportsとするほうが一般的、ヨーロッパではSportが多い。ＩＯＣ委員は圧倒的にヨーロッパの方が多いのです。それならば、Sportでいくこととしました。どちらが正しいということはありません（もちろん、SportのほうがSportsよりも上位概念だからという、ロジックは持っておきましたが）。

さて、大きな課題が残っていました。東日本大震災とそれに続く福島第一原子力発電所の放射能汚染水のことです。この一連の事実が消えることはなく、世界中に報道されています。逃げたり、隠したりすることはできません。

そこで発想の転換をすることにしました。日本初のＩＯＣ委員である嘉納治五郎先生が１９２３年の関東大震災の時に話した「災い転じて福となそう」と、時の東京市長の後藤新平東京市長に進言して震災により中断していた明治神宮外苑競技場の建設を進めたとされるエピソードと、マンデラさんがアパルトヘイトの解決にラグビーワールドカップを利用した名言「スポーツには世界を変える力がある。…スポーツには、人々を奮い立たせる力がある。スポーツには、それまで絶望でしかなかったところに、希望をもたらす力がある。…」を思い出しました。

ポジティブに考えよう。パラリンピアンである被災地出身の佐藤真海さんを思い出しました。彼女に招致委員会プレゼンのトップバッターをお願いしようと。骨肉腫のため右膝下を切断しパラリンピアンとなったこと、被災地の出身であること、アスリートとして被災地の子供達に語りかけた時に、子供達の目が輝きを取り戻したことをスピーチし、スポーツの力を訴えてもらいました。見事なトップバッターでした。２０１６年のプレゼンのトップバッターとしてお願いした「れさちゃん」のことを思い出したときでもありました。

次の課題は、放射能汚染水でした。ポイントは、プレゼンの中で、この問題に触れるかどうかでした。最初のドラフトでは触れていなかったのですが、ブエノスアイレスに先乗りしてみると放射能汚染水がメディアの最大の関心事と言ってもいい状況でした。そこで、これも逃げられない問題と考えました。

２０１３年当時、東京の放射線量は世界の主要都市と比べても高くないとされており、また、放射能汚染水に対しても対策が取られていました。この問題は、数値などを述べるのみではなかなか満足してもらえない状況でした。ここは、安倍晋三総理に触れていただくほかはないと考えました。最終的には、総理のプレゼンで触れていただきました。もし、詳しく説明する必要があれば、必ず質問がくると考えていましたので、短いフレーズで触れていただきました。

総理に触れていただくことの必要性は、ＩＯＣ委員の意見としてお伝えしたほうがご理解いただけると考え、現地に到着されてから、触れるべきという意見をお持ちの主要なＩＯＣ委員にお会いいただき納得いただきました。

招致のプレゼンテーションは、全体で45分と長く、また時間を厳密に守る必要があるので、原稿をプロンプターという機器を使って演者の前に表示します。このプロンプターを使う場合は、事前に原稿をＩＯＣに提出する必要がありました。実は、総理が到着される前に原稿提出の締め切りだったのです。スピーチライターの方と話して放射能汚染水に触れる原稿を既に提出してありました。もし、放射能汚染水に触れないということになったら大騒ぎになるところでした。

■プレゼンテーション

東京、日本のプレゼンテーションは大成功でした。高円宮妃殿下が、震災へのお礼を流暢な英語とフランス語で述べられ、日本の皇室の役割を印象付けていただきました。これは、２０１６年招致のときには叶わなかったことです。そして、先に述べた佐藤真海さん、「おもてなし」の滝川クリステルさん、太田雄貴さん、そして安倍晋三内閣総理大臣などの方々が、見事にそれぞれの役割を果たしていただきました。

なかでも、安倍総理のプレゼンテーションは、ご自分の言葉としてIOCが聞きたいことに触れていただいておりパーフェクトでした。総理のプレゼンテーション全文を（図8）を挙げておきます。ご覧いただくと、招致活動のプロセスで仕込んだ要素を全て網羅していただいていることがお分かりいただけるかと思います。

質疑応答では、「予定通り（しつらえどおり）」汚染水についての質問がIOC委員から出ました。これも安倍総理が見事にお答えいただき不安を払拭していただきました。

プレゼンテーションのブラッシュアップは、成功したロンドン五輪招致にも関わっていたニック・バレーさんとマーチン・ニューマンさんにも手伝ってもらいました。バレーさんは、2011年ラグビーワールドカップの招致プレゼンテーションの際にも手伝ってもらいました。ニューマンさんは、英国首相のスピーチトレーナーでもあります。

結果は、図1（前掲）のとおり。第一ラウンドで、42票。イスタンブールとマドリードが同票で決戦となり、イスタンブールが残りました。最終投票では、東京60、イスタンブール36と過半数を獲得し、東京が開催権を得ることができました。直前の支持率は、92％に上昇していたそうです。

安倍総理ブエノスアイレス IOC 総会プレゼンテーション

（日本語訳）委員長、ならびに IOC 委員の皆様、東京で、この今も、そして 2020 年を迎えても世界有数の安全な都市、東京で大会を開けますならば、それは私どもにとってこのうえない名誉となるでありましょう。フクシマについて、お案じの向きには、私から保証をいたします。状況は、統御されています。東京には、いかなる悪影響にしろ、これまで及ぼしたことはなく、今後とも、及ぼすことはありません。さらに申し上げます。ほかの、どんな競技場とも似ていない真新しいスタジアムから、確かな財政措置に至るまで、2020 年東京大会は、その確実な実行が、確証されたものとなります。けれども私は本日、もっとはるかに重要な、あるメッセージを携えてまいりました。それは、私ども日本人こそは、オリンピック運動を、真に信奉する者たちだということであります。

この私にしてからが、ひとつの好例です。私が大学に入ったのは、1973 年、そして始めたのが、アーチェリーでした。一体どうしてだったか、おわかりでしょうか。その前の年、ミュンヘンで、オリンピックの歴史では久方ぶりに、アーチェリーが、オリンピック競技として復活したということがあったのです。つまり私のオリンピックへの愛たるや、そのとき、既に確固たるものだった。それが、窺えるわけであります。いまも、こうして目を瞑りますと、1964 年東京大会開会式の情景が、まざまざと蘇ります。いっせいに放たれた、何千という鳩。紺碧の空高く、5 つのジェット機が描いた五輪の輪。何もかも、わずか 10 歳だった私の、目を見張らせるものでした。スポーツこそは、世界をつなぐ。そして万人に、等しい機会を与えるものがスポーツであると、私たちは学びました。オリンピックの遺産とは、建築物ばかりをいうのではない。国家を挙げて推進した、あれこれのプロジェクトのことだけいうのでもなくて、それは、グローバルなビジョンをもつことだ。そして、人間への投資をすることだと、オリンピックの精神は私たちに教えました。だからこそ、その翌年です。日本は、ボランティアの組織を拵えました。広く、遠くへと、スポーツのメッセージを送り届ける仕事に乗り出したのです。以来、3000 人にも及ぶ日本の若者が、スポーツのインストラクターとして働きます。赴任した先の国は、80 を超える数に上ります。働きを通じ、100 万を超す人々の、心の琴線に触れたのです。

敬愛する IOC 委員の皆様に申し上げます。2020 年に東京を選ぶとは、オリンピック運動の、ひとつの新しい、力強い推進力を選ぶことを意味します。なぜならば、我々が実施しようとしている「スポーツ・フォー・トゥモロー」という新しいプランのもと、日本の若者は、もっとたくさん、世界へ出て行くからです。学校をつくる手助けをするでしょう。スポーツの道具を、提供するでしょう。体育のカリキュラムを、生み出すお手伝いをすることでしょう。やがて、オリンピックの聖火が 2020 年に東京へやってくるころまでには、彼らはスポーツの悦びを、100 を超す国々で、1000 万になんなんとする人々へ、直接届けているはずなのです。きょう、東京を選ぶということ。それはオリンピック運動の信奉者を、情熱と、誇りに満ち、強固な信奉者を、選ぶことにほかなりません。スポーツの力によって、世界をより良い場所にせんとするため IOC とともに働くことを、強くこいねがう、そういう国を選ぶことを意味するのです。みなさんと働く準備が、私たちにはできています。

有難うございました。

首相官邸ホームページより
https://www.kantei.go.jp/jp/96_abe/statement/2013/0907ioc_presentation.html

図 8　ブエノスアイレス IOC 総会での安倍総理による
プレゼンテーション（全文）

います。

■バックヤード

表舞台のプレゼンテーションは、完璧でした。ここではバックヤードについて少し触れたいと思います。

2016年と大きく違ったのは、陣容でした。皇室から三笠宮彬子女王殿下、高円宮寛仁親王妃久子殿下、そして安倍総理、岸田文雄外務大臣、下村文部科学大臣、森元総理、そして遠藤先生、馳先生、橋本聖子先生など多くの国会議員の先生に現地においでいただきました。スポーツ基本法の趣旨を反映した、まさに国を挙げての招致活動であると感じました。組織としても、東京都、文部科学省、外務省、商工会議所そして組織委員会とそれぞれが本部を設営していました。しかし、それぞれの組織がそれぞれのやり方で事を進めようとするので、プレゼンテーションに向けてのスケジュール管理などはカオスに近い状況でもありました。

神風も吹きました。最終プレゼンテーションの直前に、リオデジャネイロへの評価委員会が、リオの視察を直前に行っており、ＩＯＣに準備の遅れを報告していました。このため、準備や時間を守る日本そして東京に期待をしたいという雰囲気が醸成されていました。

現地でのロビー活動は熾烈でした。ロビー外交の最終局面です。会場となったホテルの2階にイスタンブール、3階に東京、4階にマドリードにそれぞれフロアーが配置され、そこで最後のＩＯＣ委員との面談を行いました。まさに、ＩＯＣ委員の獲得合戦の様相でした。

ここでのロビー活動をしっかり行うことが、開催権の獲得に必須条件と感じていました。我々は、

3階に5つほどの部屋を総理や森先生と要人との面談用にしつらえて、どなたにどのIOC委員とお会いいただくのが効果的かを状況を見ながら判断して面談計画を現地で回しました。そのおかげで、ほぼ6～7割のIOC委員に最後のロビー活動を展開できました。入室していただくのに、IOC委員同士が顔を合わせないようにタイミングを計り計画を進めていく、かなりしんどい作業でしたが、奇跡的なロジ回し（スケジュール調整）ができました。スタッフに感謝です。そこでの、面談結果をすぐに別室で控えていたスタッフが票読みに反映させました。今回の票読みはほぼ完璧で、読み違いは2～3票くらいでした。

これが文字通りロビー活動だと思ったのが、ホテルのロビー階で展開した関係者への働きかけです。ラグビーやバスケットボールと同じで、ゾーンで行くか、マンツーマンでいくかです。ゾーンは、関係者がよく通るロビーの場所を確保してそこに通るIOC委員にロビー活動をする、マンツーマンは、あらかじめターゲット決めておいて、確保している場所にご案内してロビー活動をするといった感じです。3都市が限られたスペースを取り合うことになります。3階のロビー全体を見渡せるところから、常にロビーのどこが攻めどころかを常にチェックして指示を出していました。

総理がホテルに到着されたときに、そのタイミングでどの導線がIOCのキーパーソンと会話をしていただくのにベストかを判断しました。先導役には、IOC委員をよく知っていて、IOC委員にも顔がよく知られている方々にお願いしました。外務省の担当の方にも大変お世話になりました。

ここで触れておかなければいけない事柄あります。現地で各立候補都市に公的な記者会見が許されていています。そのうちの一つの記者会見が炎上したのです。東京サイドの用意したのは日本のスポーツの話題でした。ところがシナリオ通りにいかずに、先に述べた放射能汚染水の問題で炎上してしまったのです。民間ではなかなかクリアに答えられない問題でもあり、外国メディアには、隠しているように見えたのでしょう。その情報が本部に伝わりました。幸いなことに、オリンピアンで国会議員である馳先生が現場におられました。下村大臣（当時）にお願いし政府の了解をとっていただき、「馳先生に全権委任して、政府が責任持つ、なにも隠し事をしていない、なんでも聞いてくれ」と発言していただきました。これで、火消しができました。馳先生がおられなかったら、プレゼンでももっと困難な状況が生まれていたかもしれません。

もうひとつ現場で苦慮したのは、投票結果の発表会場で主要メンバーに座っていただく配置でした。ＩＯＣのカメラ位置を確認し、写真を撮ったらなるべく多くの方が撮られるように配慮したつもりです。この写真（図９）は、ＩＯＣが撮影してホームページに載せているものですが、写っていない方もおられますがご容赦ください（他の角度の写真では写っているはずです）。

最終局面でのロビー活動とプレゼンテーションのコーディネーターをすることができたことは、素晴らしい記憶として残っています。２０１６年大会の招致活動での経験値と空白期間の活動を活用し、２０２０年大会の招致活動に繋げて、シナリオを完成させることができたとの思いでした（図10）。シナリオをまとめると、はじめから戦略的に進められたように見えますが、空白期間はま

図９　投票結果の発表後の歓喜の瞬間

だ招致すると分かっていませんから、先を読みながら、白い海図に航路を描いて目的地に進んでいくような状況でした。

スティーブ・ジョブス氏の次の言葉を思い出します。

You can't connect the dots looking forward; You can only connect them looking backward. So you have to trust that the dots will somehow connect in your future.

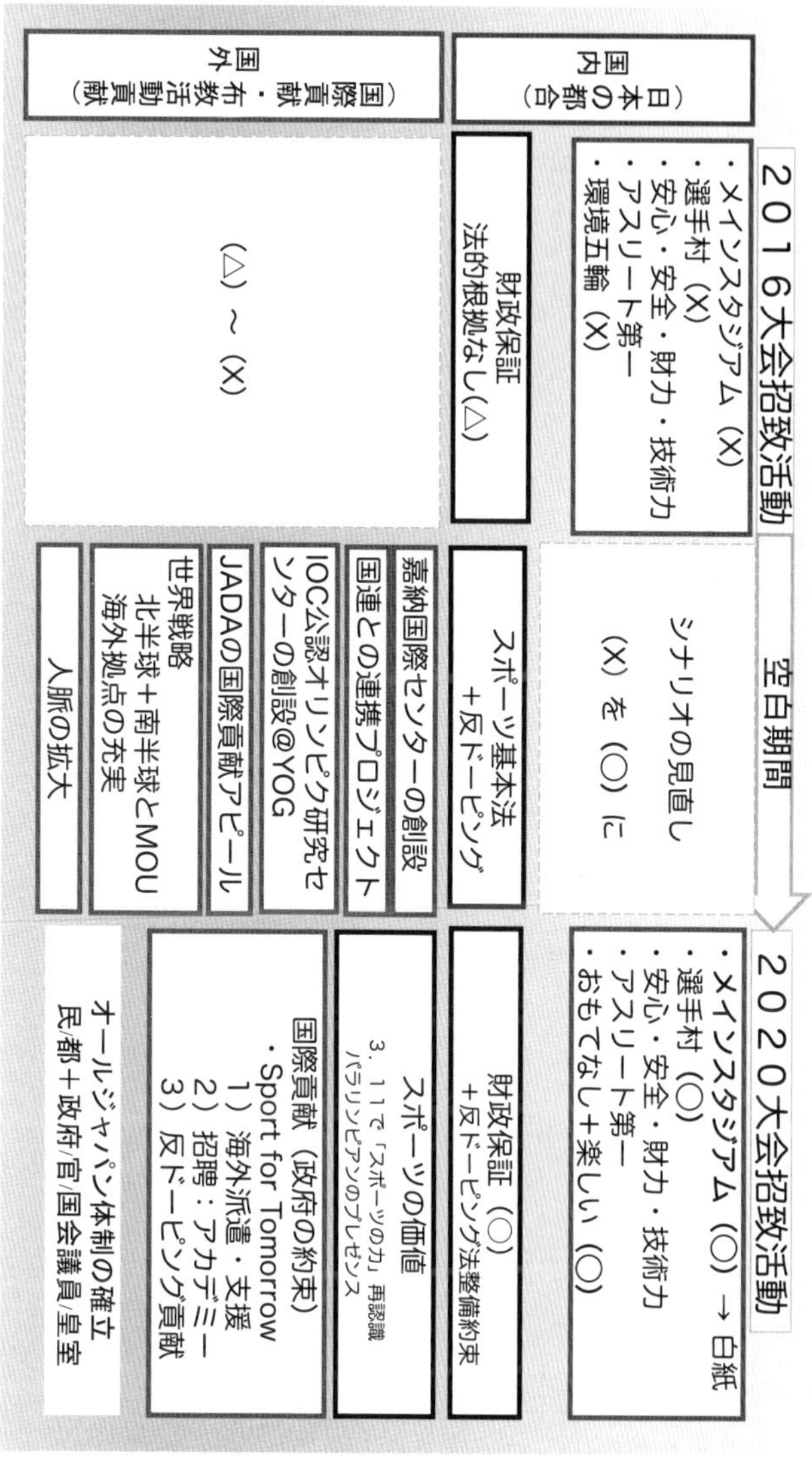
2016大会招致活動
・メインスタジアム（X）
・選手村（X）
・安心・安全・財力・技術力
・アスリート第一
・環境五輪（X）
国内（日本の都合）
財政保証
法的根拠なし(△)
国外（国際貢献・布教活動貢献）
(△)～(X)
空白期間
シナリオの見直し
(X)を(○)に
スポーツ基本法
＋反ドーピング
嘉納国際センターの創設
国連との連携プロジェクト
IOC公認オリンピク研究センターの創設@YOG
JADAの国際貢献アピール
世界戦略
北半球＋南半球とMOU
海外拠点の充実
人脈の拡大
2020大会招致活動
・メインスタジアム（○）→白紙
・選手村（○）
・安心・安全・財力・技術力
・アスリート第一
・おもてなし＋楽しい（○）
財政保証（○）
＋反ドーピング法整備約束
スポーツの価値
3.11で「スポーツの力」再認識
パラリンピアンのプレゼンス
国際貢献（政府の約束）
・Sport for Tomorrow
1）海外派遣・支援
2）招聘：アカデミー
3）反ドーピング貢献
オールジャパン体制の確立
民/都＋政府/官/国会議員/皇室

図10　招致活動の戦略的変遷

4 次の世代につなげたい想い

鈴木寛先生が、スポーツ立国推進塾のキックオフミーティングのスピーチで、「経験値の伝承にはこれまでものに書いていないことを伝えていくことが重要だ」と話されました。ここでは、この点を念頭において、これまで書かなかったことも含めて招致プロセスについて個人的な整理をいたしました。スポーツ立国推進塾の塾生の皆さんや、今後の国際大会の招致の参考になれば幸いです。

（河野一郎）

第3章

Bリーグ創設の舞台裏とスポーツビジネスの拡大・発展に向けて

国際的な競技大会の招致プロセスの次は、国内のスポーツリーグに目を向けてみましょう。

ここでは、まず、日本における新たなスポーツビジネス創出の一事例として、私が関わりました男子プロバスケットボール、Bリーグの創設に関わる話と日本バスケットボール協会の改革についてのお話をさせていただき、そのあとは、現在、スポーツ庁で検討が重ねられています日本版NCAA構想のビジネススキームについてお話させていただきたいと思います。

まず、日本とアメリカにおけるスポーツビジネスの市場の規模についてですが、1993年当時、米国のスポーツ市場は約16兆円、日本のスポーツ市場は約6兆円と約3倍の開きがありましたが、2013年のアメリカのスポーツ市場は約48兆円、これに対し、日本のスポーツ市場は約4兆円（2013年）で、その開きは約12倍にまで拡大しています。これから少子高齢化が一層加速する日本において、経済規模の拡大を図るためには、スポーツビジネスの市場拡大は重要なテーマといえます。2017年6月9日に閣議決定された「未来投資戦略2017」においても、スポーツ市場規模（2016年：5・5兆円）を2020年までに10兆円、2025年までに15兆円に拡大することが目標として明記され、また、大学スポーツについては、適切な組織運営管理や健全な大学スポーツビジネスの確立等を目指す大学横断かつ競技横断的統括組織（日本版NCAA）を平成30年度中に創設することも明記されました。

さらに、スポーツ分野におけるAI・IoT、ビッグデータ等の研究や、バイタルデータ等の利活用について、スポーツの現場における実証や、事業化を促進するため、スポーツ団体、企業、関係省庁、大学の連携による「スポーツオープンイノベーションプラットフォーム（仮称）」の構築に向けた検討を行うなどの施策も明記されています。

このように政府においても、スポーツビジネスの拡大に向けて、様々な政策が立案されていますが、これから、さらに日本において、スポーツビジネスのマーケットを拡大させていくためには、産官学民、すなわちオールジャパンでの取り組みが必要となってきます。

1　Bリーグの創設

■ＦＩＢＡからの制裁

２０１４年11月24日、公益財団法人日本バスケットボール協会（以下、ＪＢＡ）は、国際バスケットボール連盟（the International Basketball Federation）（以下、ＦＩＢＡ）から、①ＦＩＢＡ定款に準拠した機能を保証するＪＢＡの組織再編が実行されていないこと、②既存の2リーグがＪＢＡ管轄下で運営される1リーグへ統合されておらず、国内全域においてOfficial Basketball Rulesに従って試合が行われていないこと、③２０２０年以降の代表チーム強化に向けた明確な計画の提示がなされなかったこと、を理由に「資格停止」の制裁処分を受けました。この結果、ＪＢＡは、ＦＩＢＡ定款に従い、処分の効力が継続する間、ＦＩＢＡの加盟国協会としての権利を喪失

・2014年11月25日　国際バスケットボール連盟（FIBA）が日本バスケットボール協会（JBA）への「資格停止処分」を決定

⇒JBAは、FIBA の加盟国協会としての権利を喪失。
　オリンピック予選やオリンピック大会、ワールドカップなどFIBA・FIBA Asia主催の大会等への参加ができなくなる。

制裁の理由

1. FIBA定款に準拠した機能を保証するJBAの組織再編が実行されていない。
2. 既存の2リーグ（NBL, bjリーグ）がJBA管轄下で運営される1リーグへ統合されておらず、国内全域において Official Basketball Rules に従って試合が行われていない。
3. 2020年以降の代表チーム強化に向けた明確な計画の提示がなされなかった。

・2015年1月28日　国際バスケットボール連盟（FIBA）主導のもと、「ジャパン・タスクフォース2024」が発足

・2015年5月末までに、全5回のタスクフォースを開催する。それまでに男子プロリーグの統一とJBAのガバナンス改革を完了することを目標とする。

図１　日本バスケットボール協会に対する制裁

し、オリンピック予選大会などＦＩＢＡおよびFIBA Asia の行事（スポーツまたはその他）に一切参加できなくなりました（図1、図2）。

　この問題を解決するために、ＦＩＢＡ主導の下で、２０１５年1月28日、「ジャパン・タスクフォース２０２４」（以下、タスクフォース）（チェアマン：川淵三郎氏）が設置され、その後タスクフォース主導によって、男子プロバスケットボールリーグ（Ｂリーグ）が創設され、ＪＢＡのガバナンス改革が実行されました。その結果、２０１５年５月末までにＦＩＢＡから課せられた課題は全てクリアされ、同年８月９日、東京で開催されたＦＩＢＡセントラルボードにおいて、ＪＢＡに対する制裁は解除されました。私はタスクフォースのメンバーとして、上記改革に携わるとともに、制裁解除後は、Ｂリーグ理事、ＪＢＡ理事として、両団体の運営に携わってきました。これから制裁

図２　「ジャパン・タスクフォース 2024」の設置（2015 年 1 月 28 日）

解除までのタスクフォースの検討・活動内容と制裁解除後のＢリーグ、ＪＢＡの取り組みなどについてお話させていただきます。

□ＦＩＢＡがＪＢＡに制裁を下した背景事情

ＦＩＢＡは、なぜ日本バスケットボール協会に対し、資格停止という厳しい処分を科したのでしょうか。まずは、その背景事情についてみていきましょう。

日本におけるバスケットボールの競技者数は約４００万人、登録者数は２０１５年には約62万人であり、野球を除けば、国内競技では、サッカー（競技者数６４０万人、登録者数96万人）に次ぐ規模です。しかしながら、男子日本代表チームは、１９７６年のモントリオール・オリンピック以来、40年近くオリンピックに出場できていません。

また、ＪＢＡの事業規模（年間収入約15億円）は、公益財団法人日本サッカー協会（以下、ＪＦＡ）の事業規模（約180億円）の1割にも満たないのです。

さらに、男子プロリーグの興行に関しても、Jリーグの各クラブの1試合当たりの平均集客数は約1万7000人、年間売上平均は約31億円であるのに対し、バスケットボールのプロチームの1試合当たりの平均集客数は約1500人、年間売上平均も1億円～2億円のプロチームがほとんどで、大半のチームが財政的に厳しい状況下での運営を余儀なくされていました。

このような状態であるにもかかわらず、JBAは、2006年世界選手権のホスト国となった際に、当初の見込みを大きく超える多額の費用負担が生じたことをきっかけに、組織内で混乱・対立が生じ、会長や専務理事が頻繁に交代することとなり、組織として統一的安定的な意思決定ができない状態が続いていました。その結果、2007年は1年間、男子代表チームが活動しないというような異常事態も生じました。

とはいえ、2014年当時のJBAの事業規模は、Jリーグ（1993年に開幕）が発足する前のJFAの事業規模とほぼ同程度であり、もしもJBAが、国民から注目される魅力ある代表チームを組織し、Jリーグのような高い収益性とブランド力のあるプロリーグと一体となってマーケティング規模を拡大するとともに、JFAが実施したようなガバナンス改革を実現できれば、2020東京オリンピック・パラリンピック開催の追い風を受け、アジアバスケットボール界のリーダー的存在になれる可能性は十分にあります。

制裁以前にFIBAとJBA間でやりとりされた書簡や会議議事録を読み返し、関係当事者からの話を聞くと、ＦＩＢＡは、上記のような日本バスケットボール界の大きなポテンシャルを認めた上で、ＪＢＡに対し、抜本的な改革を求めてきたことが理解できます。

このようなＦＩＢＡの期待と要求とは裏腹に、ＪＢＡは意識改革・組織改革ができず、ＦＩＢＡから再三求められていたリーグ並存状態の解消についても、具体的な解決策を結局見いだせないまま、最終回答期限とされた２０１４年10月末日が過ぎ、もはやＪＢＡが自律的に諸問題を解決できる能力が欠けていることが明白となりました。

このような経緯を経て、ＦＩＢＡはＪＢＡに対し、「資格停止処分」という制裁を科した上で、自ら「タスクフォース」を設置し、タスクフォースがＪＢＡの抱える問題解決をリードするとの決定を下したのです。

■ＦＩＢＡとの事前打ち合わせ

ＦＩＢＡが日本バスケットボール協会に対して、資格停止の処分を下したのは、２０１４年11月24日で、その後、ＦＩＢＡから、第1回タスクフォースの期日を、２０１５年1月28日とする旨の連絡がありました。タスクフォースのメンバーについては、ＦＩＢＡが文科省の協力を得て、選定することになっていたようです。文科省の担当者からは、ＦＩＢＡに対し、タスクフォースの委員候補者として私を推薦していて、年明け早々には内定の通知があるだろうとの話を聞いていましたので、私のほうではバスケットボール関係者との面談を重ねていました。しかしながら、なかなか連絡が来ず、ようやく、文科省から私のところにタスクフォース委員の内定の連絡がきたのは1月19日のことでした。

第1回のタスクフォース会議（1月28日）まで準備期間がほとんどないのと、そもそも私はＦＩＢＡの幹部との面識も一切なく、重要な検討課題についても、事前のすり合わせなども全くできていませんでしたので、どう対応しようかと思案していたところ、文科省の担当者からＦＩＢＡ幹部が1月25日に来日するとの情報が入りました。

そこで、私は、意を決し、２０１５年1月25日午後1時にＦＩＢＡの幹部が宿泊している都内の某ホテルを一人で訪れることとしました。しかしながら、彼らとは、名刺交換をするや否や、すぐに打ち解けることができ、さっそく、多岐にわたる懸案事項について、突っ込んだ話し合いをすることができました。当日は、結局、夜10時まで、また、翌26日、27日も同ホテルを訪れ、彼らと打ち合わせを重ねました。26日には川淵三郎さんとも初めてお会いすることができました。

３日間にわたる打ち合わせで、ＦＩＢＡ幹部と確認した事項は次のとおりです。

①タスクフォース体制はチェアマンを川淵三郎氏、コ・チェアマンをＦＩＢＡの財務担当理事のインゴ・ヴァイスとする。タスクフォースのもとに以下の３つのワーキンググループ（以下、ＷＧ）を作ることとする。

・トップリーグＷＧ：川淵三郎、スコット・ダーウィン、境田正樹

・ガバナンスＷＧ：境田正樹、インゴ・ヴァイス、河内敏光、梅野哲雄

・バスケットボールデベロップメントWG：トースティン・ロイブル
②タスクフォースの運営予算は全て両チェアマンと境田が管理する。
③タスクフォースは、bjリーグ運営法人、NBL運営法人、bjリーグ所属24チーム、NBL所属23チームから財務状況の確認とヒアリング、その他必要事項の調査を行う。この作業は弁護士でもある境田が責任をもって行い、情報管理も徹底する。
④JBAのガバナンス改革のため、JBA改革プランを策定する。また、JBA全理事（27名）には辞めて頂く方向で進めることとする。
⑤2つのリーグの統一のため、bjリーグ所属24チーム、NBL所属23クラブからリーグ統一への同意書を提出してもらうこととし、この業務も境田が責任をもって行う。
⑥JBAはFIBAから制裁を受けているため、境田はタスクフォース業務に関して、JBAと情報共有を行ってはならず、また、JBAの役職員を原則使わないこととする。
⑦境田はタスクフォースに関する重要情報はFIBAに適時報告し、FIBAの判断に従う。
⑧タスクフォースの全ての作業は4月末までに完了させる。

■トップリーグ・ワーキンググループの活動

（1）トップリーグ・ワーキンググループの活動の概要

トップリーグWGの活動の目的は、併存する2つの男子リーグを1つに統一することでした。

トップリーグWGは、リーダーを川淵三郎チェアマン、サブリーダーをスコット・ダーウィン（FIBAセントラルボードメンバー）とし、私もそのWGメンバーとなりました。

トップリーグWGが最初に行ったのは各種データの収集と検討です。新たなリーグ統一の道筋を検討するには、関係法人の実態を把握することが必要であり、そのためには、まずは各法人の財務状態を把握すべきであると考えたからです。

そこで、第1回のタスクフォース会議の後、私は直ちに、bjリーグ運営会社、NBL、NBDL運営団体に加えて、bjリーグおよびNBL、NBDLに所属する全チームに対し、3期分の財務データ（貸借対照表、損益計算書、税務申告書等）の提出を依頼し、これを検討するとともに、併せて、両リーグの関係者、チーム代表者に対するヒアリングも実施しました。

そして、その過程で、リーグを統一するためのスキームとしては、新リーグ運営法人を立ち上げ、既存リーグに所属するチームが既存リーグを退会した上で、新リーグに入会するという方法を採るしかないと判断しました。

トップリーグWGは、平成27年4月1日、新リーグ運営法人である一般社団法人ジャパン・プロフェッショナル・バスケットボールリーグ（JPBL）を設立し、4月末日までに全チームの入会届を受領し（既存リーグに退会届を提出していることを入会の条件とした）、5月末日、入会審査結果を発表し、ほぼ全チーム（入会申込のあった47チームのうち45チーム）の入会を承認しました。

これによって、トップリーグWGの作業の第一段階が完了しました。

以下、リーグ統一の過程で検討したいくつかの点について詳しく述べたいと思います。

（2）リーグ統一の基本スキームについて

リーグ統一のスキームに関しては、当初は、ＮＢＬを運営する法人とｂｊリーグ運営会社が当事者となって組織再編（合併・事業譲渡等）を行い、その組織再編後の法人が新リーグを運営するという手法をイメージしていました。しかしながら、この２つのリーグは、競技規則や試合運営のルール、審判制度、選手に関する規則（移籍制度やサラリーキャップ）等のレギュレーションが異なるため、その調整には相当の時間を要すること、また、それぞれに異なるスポンサーを抱えているため、権益の調整にも時間を要することが明らかでした。また、ｂｊリーグの資本金は約15億円でしたが、創設後10年間の累積損失が約15億円近くに上ったため、組織再編に向けて、その事業価値の評価額を合意することにも相当な時間がかかることが予想されました。さらに、リーグ運営法人が上記の判断を行うには、リーグが各所属チームの同意を得るという手順も必要と思われました。

このような事情を勘案すれば、６月までの短期間で、両リーグの組織再編についての条件を定め、両リーグの合意を得ることが困難であることは明らかでした。

そこで、川淵チェアマンと私たちは、リーグという事業を運営する運営法人とその事業とを切り離し、事業のみを新たに設立するリーグに移転すること、すなわち、リーグの事業を構成するバスケットボールチーム（その運営法人）を既存のリーグから切り離し、新リーグに帰属させるという手法を採ることとしました。

このリーグ運営法人とチーム運営会社を切り離すという手法を選択した背景には、次のような考えもありました。

すなわち、6月までにリーグ統一ができなければ、日本代表チームがリオ五輪の予選に出場できないどころか、日本のバスケットボール界が国際社会から隔離された状態が続き、2020年東京オリンピックへの出場も危ぶまれることになります。そのような結論は日本バスケットボール界のみならず、スポーツを愛する国民の誰もが望んでいないはずですが、リーグの権益等の調整ができずリーグ運営法人の同意が得られなければ、その結果は必然となります。

そのように考えたとき、自らあるいは法人の利害関係者の権益を第一に考えざるを得ないリーグ運営法人に、バスケットボール界の将来を委ねてよいのかという疑問が生じ、そうではなく、この将来選択は、バスケットボール界を支える基盤であり日本代表として活躍することになるであろう選手やファン、これらを身近で支えるチームの判断に委ねるべきではないか、リーグ運営会社は所属するチームの選択を尊重すべきではないか、との考えに行き着いたわけです。

前述したチーム代表者に対するヒアリングを通じて、私たちは、ほとんどのチームが新リーグに参加してくれるであろうという確信も得ていました。

他方、チームが新リーグに参加しない、すなわちリーグ統一に賛成しない、という判断を万が一行うのであれば、それが日本バスケットボール界の選択であり、制裁が解除されないという結論も受け入れざるを得ないであろうという思いもありました。

（3）新リーグ設立等の具体的手順

上記スキームを具体的に検討し始めてすぐに、両リーグの規約上、チームがリーグを退会するためには、「参加しないシーズンの開幕月（注：通常は9月か10月）が属する年の前の年の6月末までに」退会届を提出することが必要であること、すなわち、２０１６年10月からのシーズンに新リーグを開幕するためには、両リーグに所属するチームが２０１５年6月末までにリーグに退会届を提出する必要があるということが判明しました。逆に言えば２０１５年シーズンからの開幕は不可能ということでもありました。

タスクフォースのリーグ統一のスケジュールも考慮すると、私たちは、両リーグ所属チームには２０１５年5月末までにリーグに退会届を提出してもらうことが必要であると考えました。

そしてさらに、チームの立場に立てば、「新リーグ」というリーグ戦の受け皿がない状態で既存リーグに退会届を出すという判断はできないのではないか、また、リーグ統一というＦＩＢＡに与えられた課題に対する回答としては、新リーグの「成立」という結果までをＦＩＢＡに示すべきではないかと考え、そのためには退会届を提出する時までに、運営法人を設立しておく必要があると考えました。

その結果、退会と入会という一連の手順とタスクフォースのリーグ統一スケジュールを検討し、4月1日に新リーグ運営法人を設立し、4月末までに、各チーム運営会社から、既存リーグへの退会届と新リーグへの入会届けを提出してもらうというスケジュールを決定しました。

川淵チェアマンと議論を重ね、この結論に行き着いたのは2月10日前後であり、川淵チェアマンは、2月12日の各リーグの代表者会議（チーム代表者全員で構成される会議）において、このスキームを公表しました。

（4）新リーグの概要・要件について

新リーグの具体的な概要や要件の検討は、Jリーグを立ち上げ成功に導いた川淵三郎タスクフォースチェアマンの知識と経験に専ら頼ることとなりました。

リーグ統一のための課題として、これまで組織委員会等で問題となった点は、大きくは、企業チームといわゆるプロチーム（バスケットボールチームの運営を主たる目的とする会社が運営するチーム）との差異をどこまで認めるかという点から生じる次の3つでした。すなわち、①チーム名に企業名を入れることを認めるか、②企業チームに独立法人化、すなわちチーム運営会社と企業の切り離しを求めるか、③プロ契約ではない従業員選手を認めるか、という問題でした。

これらの問題については、川淵チェアマンが、②と③については、プロリーグである以上は基本的に譲れない条件であるとして、一部リーグに所属するには、独立法人化と選手のプロ化は必須としましたが、①については、Jリーグが新たにプロリーグを立ち上げたのとは異なり既存のプロリーグを統一する場面であることから、従前から企業名をチーム名に付していたチームの存在を尊重すべきとして、チーム名に企業名を入れることを容認することを決断しました。結果として、一部リーグ入りした企業チームはこの決定に従っており、そこに大きな衝突や混乱はありませんでした。

むしろ問題となったのは、その他のトップリーグ要件でした。

2月12日の各リーグの代表者会議で、川淵チェアマンは、「私案」として、次の案を示しました。

・社団法人を設立して新リーグを立ち上げ、チームには、既存リーグを退会して新リーグへの入会の意思表示をしてもらいたいこと
・２０１６-17シーズンに新リーグを開幕すること
・1部、2部、地域リーグとピラミッド型で運営すること
・トップリーグチームについては独立法人化すること
・トップリーグチームに関しては、５０００人収容のホームアリーナでホームゲームの8割を開催すること
・サラリーキャップ（年俸総額制限）を廃止すること

などです。

また、タスクフォースは、3月25日の第3回会議で、同様のトップリーグ要件を公表しました。

この中でも特に「５０００人収容のホームアリーナでホームゲームの8割を開催する」という条件については、異論が多く述べられることとなりました。

2月12日の各リーグの代表者会議でも、特に県内の全域で活動している複数のチームから、地域密着、ファン層拡大のためには、県内1箇所で試合をするのではなく、県内を幅広く巡回して幅広い層に試合を見てもらう必要があるという強い反対意見が述べられました。また「５０００人アリ

ーナは不可能である」という否定的な意見は、間接的な形で私たちの耳にもよく入ってきました。

しかしながら、川淵チェアマンのこのホームアリーナ構想も、最終的には多くのチームに受け入れられ、このアリーナ要件を充たしたと評価できるチームは最終的に20を超えました。その中から、1部リーグ所属チーム18チームが選抜されることとなったわけです。

川淵チェアマンのホームアリーナ構想が最終的に受け入れられたのは、その構想が既存のプロのクラブのあり方や現状からスタートしたものではなく、バスケットボールクラブが、プロのクラブとして成功し存続していくための必要最低条件を考慮したものであったためであると考えられます。このアリーナ構想は、プロクラブが存続するための集客規模（チケット収入、スポンサー収入の両面から相応の集客規模が必要であること）、地域に根付くための地方自治体、都道府県バスケットボール協会等の支援の必要性などの重要な条件を、一言で表現するものであったわけです。

実際に、入会を認める要件として、都道府県バスケットボール協会の「支援文書」、ホームアリーナ確保を確認するための資料として地方自治体の「支援文書」の提出を求めたところ、ホームアリーナ確保や支援文書取得の過程を通じて、地方自治体や都道府県バスケットボール協会との関係が劇的に変化したチームもありました。なお、クラブが自治体や地元経済界からの支援を得られるよう、川淵チェアマンと私は、特にトップリーグ要件に否定的な意見も聞かれた初期の頃は、可能な限り、県庁や市役所等を訪問するなどして、首長等に対し、クラブへの支援を要請しました。

また、3月25日に開催された第3回タスクフォース会議では、トップリーグチームの要件として、債務超過でないこと（入会申込時点で債務超過である場合には、入会後2年以内に債務超過を解消できる具体的計画の提示を要する）、トップリーグ1部については年間売上収入2億５０００万円以上であることという条件を提示しました。と同時に、２０１５年7月末に1部、2部、3部の階層分けの発表を行う予定であることも公表し、実際には7月末と8月末の2回に分けて発表を行いました。その結果、最終的な階層分けを発表した8月末までの約5か月間で1部入りを目指した多くのチームの財務状態は大幅に改善され、なかには億単位の資本注入がされたり、スポンサー収入が倍増するチームが現れるなどしました。

プロリーグを成功させるためには、リーグ運営法人はもとより、所属クラブの運営が健全・適正になされること、さらにクラブが自治体や経済界から支援されることが必須であり、トップリーグ要件はその基盤作りとしても必要な要件であったと考えています。

■男子プロバスケットボールの事業規模の拡大

さて、タスクフォース設置前の平成26年度の男子プロバスケットボールリーグ運営法人の売上合計額は、2リーグ合計で約8億円（bjリーグ株式会社：約5億円、ＮＢＬ運営法人：約３億円）でした。これが、Ｂリーグ開始後の平成29年度には、Ｂリーグ運営法人の年間売上高は、約52億円にも達しています。

また、各クラブの年間売上高も、平成26年度においては、大半のクラブの年間売上高が５０００

万円から2億円であったのに対し、平成29年度においては、10億円を超えるチームが数クラブ現れるなど、ほとんどのクラブの売上高が、2年前と比べ2倍～4倍に増加しています。

以下、Bリーグが、男子プロバスケットボールの事業の拡大に向けて、いかなる施策を講じたのかについてお話したいと思います。

（1）クラブライセンス制度の導入

前記のとおり、Bリーグは、階層性（3部制）を採用することとしたため、まずは、クラブライセンス制度を設け、トップリーグである1部、2部に加入するための詳細な基準を設けました。この制度は、クラブの財務基盤の強化、アリーナなど観戦環境の向上、練習環境の向上、ユース世代の育成、クラブのガバナンス構築も含め、クラブの持続的発展に貢献することを主な目的とした制度です。

（2）顧客データの共有化と顧客管理システム（CRM）の構築、デジタルマーケティングの推進

従前は、各クラブが自らのクラブの顧客情報を専有し、かつ、クラブ独自でマーケティング活動を行ってきましたが、Bリーグ創設後は、リーグ運営法人とクラブが顧客データを共有することで、顧客管理システム（CRM：customer relationship management）の統一プラットフォームを構築し、リーグとクラブとが共同でマーケティング活動を行うことができるようにしました。また、オンラインチケッティングやデジタルコンテンツの開発を行うなど、対顧客向けのデジタルサービスを推進することで、より精度の高いマーケティングの実践や顧客向けの新たなサービスが可能とな

①クラブライセンス制度の導入
トップリーグ（B1・B2）加入のための詳細な基準を設定。
クラブの持続的発展のため、Ｂリーグが各クラブの運営を継続的に支援。

②顧客データ共有化、顧客管理システム（CRM）構築、デジタルマーケティング推進
Ｂリーグ運営法人とクラブが顧客データを共有。
顧客管理システムの統一プラットフォームを構築。
リーグとクラブとの共同マーケティング活動。
顧客向けのデジタルサービスを推進。

③ JBA と Ｂリーグの共同マーケティング推進
JBA と Ｂリーグが共同出資により B.MARKETING 株式会社を設立。
両者の権益統合により権利価値を最大化。

図３　Ｂリーグの事業拡大に向けた取り組み

りました。

（３）ＪＢＡとＢリーグの共同マーケティングの推進

２０１６年９月、ＪＢＡとＢリーグは、共同マーケティングを推進するための事業会社（B. MARKETING株式会社）を共同出資により設立しました。

これは、ＪＢＡとＢリーグが保有している権益（マーケティング権、放映権など）を一つに統合することにより、権利価値の最大化を図ることと、マーケティング管理コストを削減することを目的とした取り組みです。

３法人間（Ｂリーグ、ＪＢＡ、B. MARKETING）での様々な調整は必要であるものの、この取り組みにより、ＪＢＡとＢリーグの事業規模は大きく拡大しました（図３）。

2 日本バスケットボール協会の改革

■日本バスケットボール協会のガバナンス改革について

(1) JBA改革

FIBAによる制裁が下されるまで、JBAでは、理事の構成員が多く(27名)、派閥間対立が起きるなど、迅速かつ適切な意思決定ができない状態が継続し、また、スポーツマネジメントに精通した人材も十分確保されていませんでした。そこで、タスクフォースは、JBAガバナンス改革の一環として、①理事、評議員全員に対し、2015年4月末までに引責辞任することを求め(理事は再任不可、評議員は再任可)、②理事の人数を27人から6人に減らし、③全ての新役員(理事・監事)は外部から募ることとし、④新たに専務理事に「事務総長」という役割を与え、事務総長にJBAの執行権限を集約させることとしました。また、評議員については、2015年5月から1年間は各都道府県協会の代表者のみ(47名)とし、1年後には、リーグ所属チームの中から選ばれた者など、20数名程度を新たに追加することとしました。

(2) 都道府県協会の改革等

また、全47都道府県バスケットボール協会の大半は、法人化されていない任意団体でしたので、47の都道府県協会を全て法人化し、そのための資金の支援なども行いました。ただし、現在も多くの都道府県協会の財務状況は厳しく、マネジメント人材が十分に確保されているわけではないので、現在、様々な支援策を検討しているところです。

（３）ＪＢＡとＢリーグとの関係

また、従前は、ＪＢＡがｂｊリーグに対するコントロールが十分にできていなかったという反省を踏まえ、新リーグ運営法人であるＢリーグとの関係においては、特に、ＪＢＡの支配、統治権限を明確にするため、ＪＢＡとＢリーグ間で、ＢリーグがＦＩＢＡやＪＢＡの諸規程を遵守する旨等を定めた契約書を交わすこととし、さらに、クラブがＢリーグに入会する際には宣言書の提出を求め、宣言書においては、チームがＪＢＡの理念およびビジョン、Ｂリーグの理念および活動方針に賛同し、それらに従って活動すること、ＪＢＡとＢリーグを当事者とする契約書の内容を確認し承諾する旨を明記しました。

■制裁解除後のＪＢＡの取り組み

ＪＢＡでは、２０１６年にこれからの日本のバスケットボール界の目標やアクションプランを定めたＪＢＳ（JAPAN BASKETBALL STANDARD 2016）を策定し、現在は、その目標達成に向けて様々な取り組みを行っています。

ＦＩＢＡによる制裁が課された平成27年度のＪＢＡの年間売上高は約15億円でしたが、平成30年度には約40億円にまで増加し、その事業規模は大きく拡大しました（図４）。

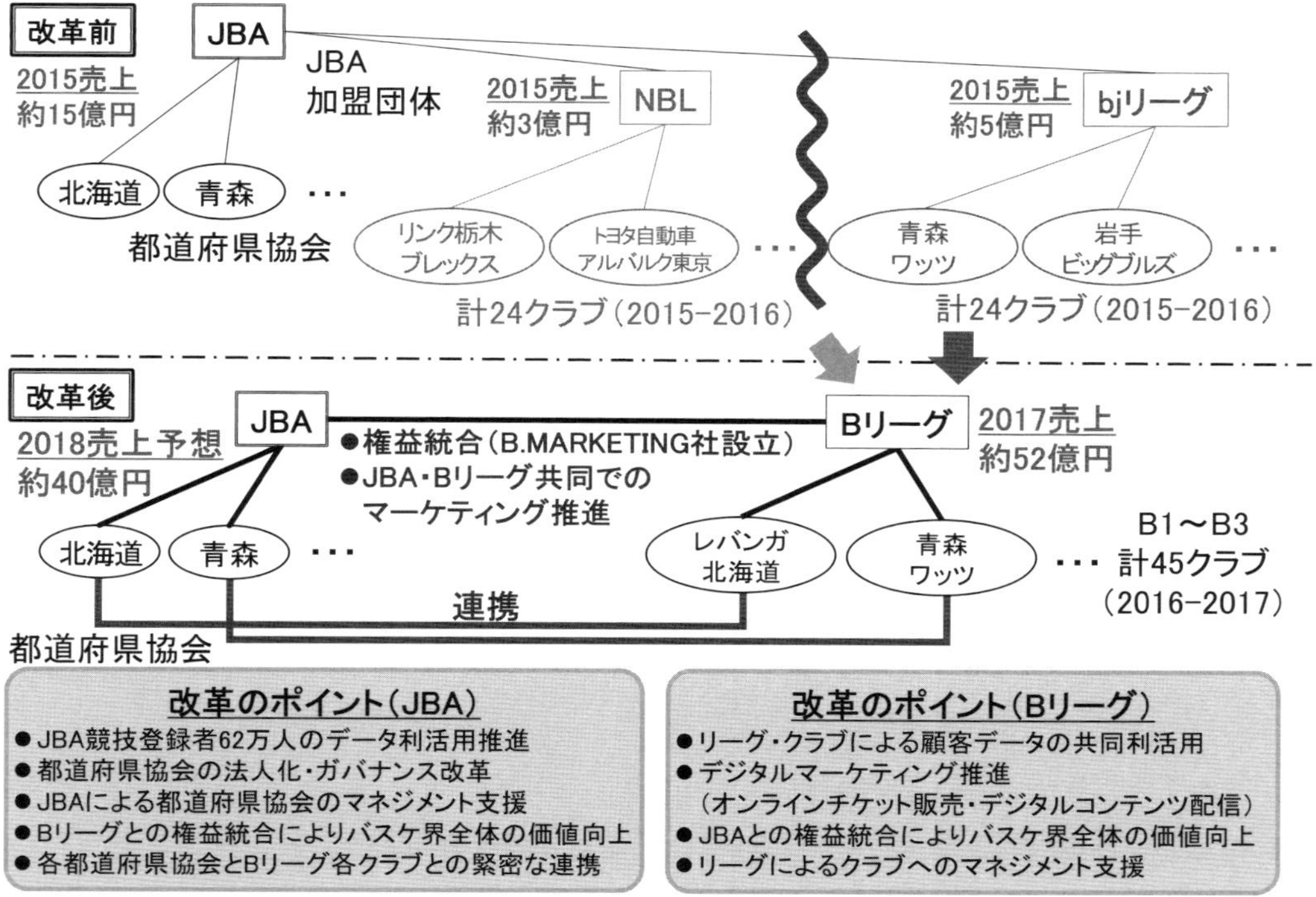
改革前
JBA
2015売上
約15億円
JBA
加盟団体
2015売上
約3億円
NBL
2015売上
約5億円
bjリーグ
北海道
青森
・・・
都道府県協会
リンク栃木
ブレックス
トヨタ自動車
アルバルク東京
・・・
青森
ワッツ
岩手
ビッグブルズ
・・・
計24クラブ（2015−2016）
計24クラブ（2015−2016）
改革後
JBA
2018売上予想
約40億円
●権益統合（B.MARKETING社設立）
●JBA・Bリーグ共同での
マーケティング推進
Bリーグ
2017売上
約52億円
北海道
青森
・・・
レバンガ
北海道
青森
ワッツ
・・・
B1〜B3
計45クラブ
（2016−2017）
連携
都道府県協会
改革のポイント（JBA）
●JBA競技登録者62万人のデータ利活用推進
●都道府県協会の法人化・ガバナンス改革
●JBAによる都道府県協会のマネジメント支援
●Bリーグとの権益統合によりバスケ界全体の価値向上
●各都道府県協会とBリーグ各クラブとの緊密な連携
改革のポイント（Bリーグ）
●リーグ・クラブによる顧客データの共同利活用
●デジタルマーケティング推進
（オンラインチケット販売・デジタルコンテンツ配信）
●JBAとの権益統合によりバスケ界全体の価値向上
●リーグによるクラブへのマネジメント支援

図４　JBA・男子プロバスケットボールリーグの改革モデル

3　日本版ＮＣＡＡ構想

■日本版ＮＣＡＡ構想の実現に向けた検討

２０１６年4月、文部科学省内に、馳浩文部科学大臣（当時）を座長とし、スポーツ庁長官、スポーツ庁次長、高等教育局長、科学技術・学術政策局長、五神真東京大学総長などを委員として、「大学スポーツの振興に関する検討会議」が設置され、また、同年11月には、日本版ＮＣＡＡの在り方について検討するために、「大学スポーツの振興に関するタスクフォース」が設置され（私も委員として議論に参加させていただきました）、その議論の結果が２０１７年3月に「最終とりまとめ～大学スポーツの価値の向上に向けて～」として文部科学省から公表されました。

そのとりまとめを受け、２０１７年9月には、スポーツ庁に、大学スポーツの横断的かつ競技横断的統括組織（「日本版ＮＣＡＡ」）の創設に向けた「学産官連携協議会」が設置され、また、この協議会に設けられた3つのワーキンググループ（学業充実、安心安全、マネジメント）において、２０１８年度中の日本版ＮＣＡＡの創設に向けた具体的検討が進められました。

私は、「マネジメントワーキンググループ」の委員として、日本版ＮＣＡＡの組織体制や担うべき役割、加盟要件、資金調達手法などについての検討を行いました。

□日本版NCAA構想の背景

日本版NCAA構想が検討された背景事情は次のとおりです。

①平成23年に制定されたスポーツ基本法では、スポーツは、青少年の健全育成や、地域社会の再生、心身の健康の保持増進、社会・経済の活力の創造、我が国の国際的地位の向上など、国民生活において多面にわたる役割を果たすものとされています。こうした中、大学にはスポーツに係る豊富な人材や充実した施設を有しているものもあることから、平成24年に制定されたスポーツ基本計画においても、地域スポーツと企業・大学等との連携が掲げられており、スポーツを通じた社会の発展を支える存在として、大学スポーツはこれからも重要なポジションを占めていくものと考えられています。

②大学におけるスポーツ活動には、大学の教育課程としての体育、学問体系としてのスポーツ科学、課外活動（部活動、サークル活動、ボランティア）等の側面があり、各活動には、身体能力を高める、健康的生活をデザインする、豊かな生活を送る等の様々な効用があります。

③大学におけるスポーツの振興は、大学のスポーツ施設の地域住民への開放や総合型地域スポーツクラブの運営を通じて、大学の枠内にとどまらず、広く国民の健康増進に資するとともに、地域・社会の活性化の起爆剤となりうるものです。また、障害者スポーツの振興や男女共同参画等を通じて共生社会の実現に寄与するとともに、国際交流の推進やスポーツ文化の振興により人間性を涵養し社会を形成する人材の育成に貢献する可能性があります。

□米国における大学スポーツの現状

米国における大学スポーツの現状は次のとおりです。

１９００年代に米国で創設されたＮＣＡＡでは、「ACADEMICS（学業）」、「WELL-BEING（安全・健康）」、「FAIRNESS（公平性）」の３つが理念として掲げられています。そしてＮＣＡＡの加盟大学においては、その３つの理念を実現するための機関として、大学内に、スポーツ分野を統括するスポーツ局（AD；Athletic Department）を設置されています。つまり、米国では、大学スポーツ全体を統括するＮＣＡＡと、スポーツ局管理下で大学スポーツを運営するという大学側とが両輪となり、米国の大学スポーツ全体の発展を下支えしているのです。

米国大学スポーツの事業規模についてみると、ＮＣＡＡには、年間約１千億円の収入があり、また、大学スポーツ全体を含めれば、約１兆円の収入があるとされています。

また、学生アスリートが、肉体的にも精神的にも成長するための様々な施策が講じられており、脳震盪、過度の傷害、薬物検査、精神衛生、性的暴行などに関する研究と訓練を通じて健康と安全を促進する活動が行われています。

大学スポーツは、学生アスリートに対する教育の重要な要素であるほか、大学と在学生の一体性を高め、あるいは大学の顔として入学生、卒業生、地域などとを繋ぐものであり、ＮＣＡＡや各大学のスポーツ局は、学生アスリートが競技と学習の両立した十分な学生生活を送ることを通じて、これらの大学スポーツの果たす役割を最大化するよう、大学としての取り組みの充実を図っています。

さらに、米国のNCAAにおいては、学生の本分である学業優先のための仕組みづくりも進められています。例えば、NCAAが定める成績評価値（GPA）が基準の成績より下回ると、練習・試合などの運動部の活動に参加できない、各運動部の全体練習の時間制限などのルールが設けられており、ルール違反があった場合には罰則まで設けられています。

大学内のスポーツ局には、マーケティング、デベロップメント、チケット・グッズのセールス、ファシリティ管理、トレード、リクルーティング、広報、ガバニングボードとの交渉等の全てをマネジメントできる能力を有する者が配置されています。

■日本の大学スポーツの現状

これに対し、日本の大学部活動は課外活動として位置づけられており、体育会に積極的に関与する大学は少なく、また、全学的にスポーツ分野の取り組みを一体的に行う部局が置かれている大学はほとんど存在しません。運動部活動に対する大学の関与が限定的であるがゆえに、学生アスリートが学生の本分たる学業への時間を十分に割けないケースも発生しています。その他にも、知識や情報不足、ルールの不整備等に起因した事故やけがの増加、また、運動部活動が大学の管理外であるがゆえの会計制度の未整備、といった種々の問題が生じています。

大学スポーツ全体を競技横断的に統括する組織がなく、競技種目別に設立された学生連盟団体

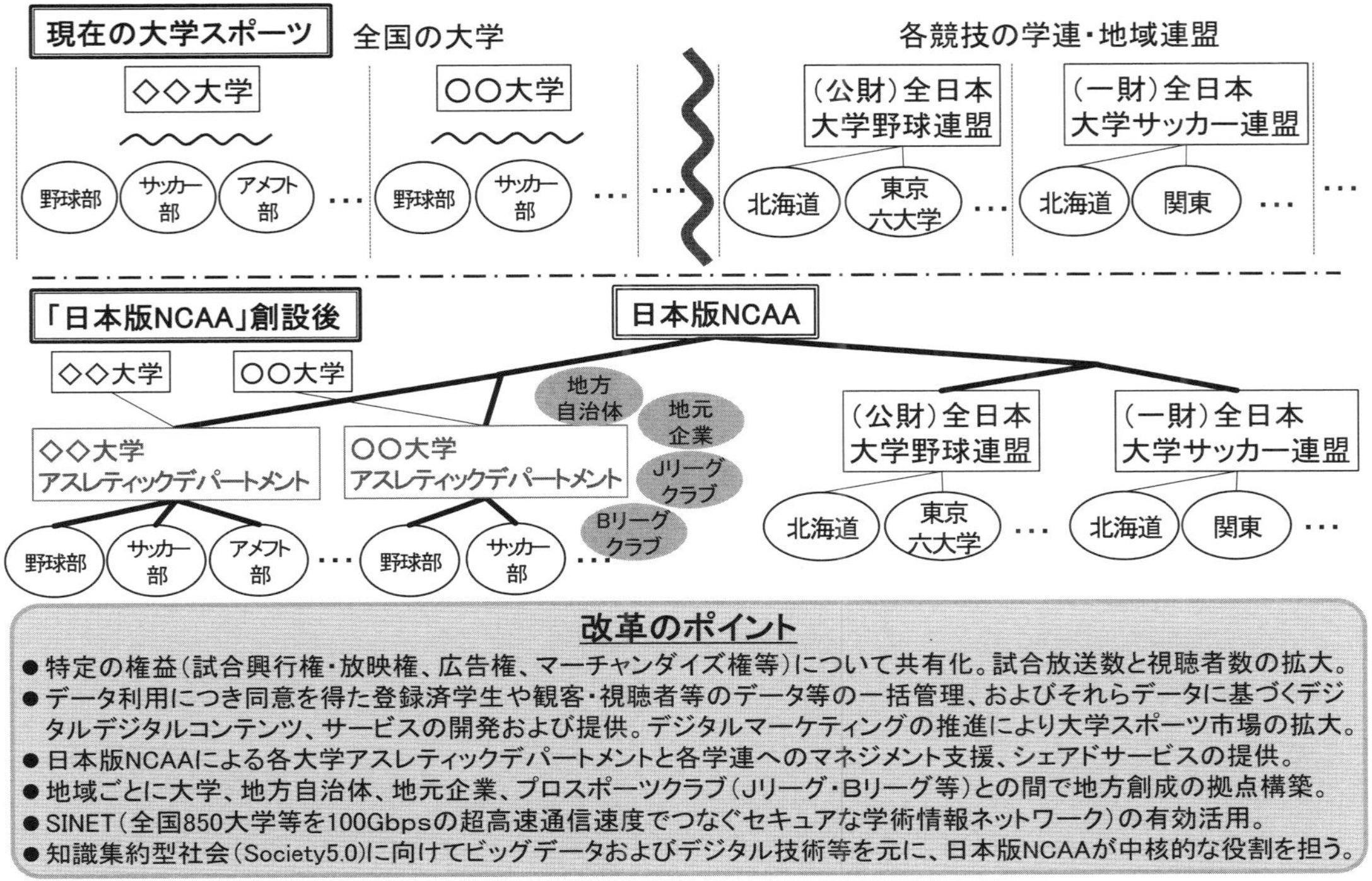
現在の大学スポーツ
全国の大学
各競技の学連・地域連盟
◇◇大学
野球部
サッカー部
アメフト部
…
○○大学
野球部
サッカー部
…
…
（公財）全日本大学野球連盟
北海道
東京六大学
…
（一財）全日本大学サッカー連盟
北海道
関東
…
…
「日本版NCAA」創設後
日本版NCAA
◇◇大学
○○大学
◇◇大学アスレティックデパートメント
○○大学アスレティックデパートメント
野球部
サッカー部
アメフト部
…
野球部
サッカー部
…
地方自治体
地元企業
Jリーグクラブ
Bリーグクラブ
（公財）全日本大学野球連盟
北海道
東京六大学
…
（一財）全日本大学サッカー連盟
北海道
関東
…
改革のポイント
● 特定の権益（試合興行権・放映権、広告権、マーチャンダイズ権等）について共有化。試合放送数と視聴者数の拡大。
● データ利用につき同意を得た登録済学生や観客・視聴者等のデータ等の一括管理、およびそれらデータに基づくデジタルデジタルコンテンツ、サービスの開発および提供。デジタルマーケティングの推進により大学スポーツ市場の拡大。
● 日本版NCAAによる各大学アスレティックデパートメントと各学連へのマネジメント支援、シェアドサービスの提供。
● 地域ごとに大学、地方自治体、地元企業、プロスポーツクラブ（Jリーグ・Bリーグ等）との間で地方創成の拠点構築。
● SINET（全国850大学等を100Gbpsの超高速通信速度でつなぐセキュアな学術情報ネットワーク）の有効活用。
● 知識集約型社会（Society5.0）に向けてビッグデータおよびデジタル技術等を元に、日本版NCAAが中核的な役割を担う。

図5　日本版 NCAA 創設・大学スポーツ改革のモデル案
（2018 年 7 月 24 日「日本版 NCAA 作業部会（第 1 回）」筆者配付資料）

（学連）が運営を担っています。また、学連の多くは法人化されておらず、マネジメント人材が不足し、また財政状態も脆弱です。

さらに、多くの運動部の活動は、ＯＢからの寄附やその他の支援に多くを依存しており、積極的に地元自治体や地元企業、地域住民等と関わり、良好かつ緊密な関係を構築しているケースは数少ないと言えます。

■日本版ＮＣＡＡの方向性

（１）日本版ＮＣＡＡ構想の実現に向けて

前述の「日本版ＮＣＡＡ創設に向けた学産官連携協議会」のもとに設置された「学業充実ワーキンググループ」においては、学生アスリートへのスポーツと学業の両立の必要性や、学業とスポーツの両立のための仕組みづくり、キャリア形成支援についての議論が重ねられ、「安全安心ワーキンググループ」では、安全性の向上に向けた関係者の役割や安全性に関する最低限の担保、全安心プログラムの開発・提供・講習、指導者の育成・管理、医療との連携などについての議論が重ねられています。私の属する「マネジメントワーキンググループ」では、日本版ＮＣＡＡが担うべき役割や日本版ＮＣＡＡが提供するメリット、加盟要件の整理、資金調達方法、運営に必要人員・組織等についての検討を重ねています。

日本版ＮＣＡＡ構想は、学生にとっての大学生活や教育に資する改革であることが前提であり、上記の「学業充実」と「安心安全」のワーキンググループから提言された内容に対しては、日本版ＮＣＡＡは最優先で取り組むべきです。

ただし、今後、日本版ＮＣＡＡが持続可能な発展を続けていくためには、日本版ＮＣＡＡが産業界やスポーツ界、自治体などと連携を図りつつ資金調達のためのスキームを構築し、そこから得られた収益その他のアウトカムを大学や学生、スポーツ団体、地域住民、自治体、企業に還流させるというエコシステムを構築する必要があります。

このエコシステム構築に向けては、ハード面（スタジアムやアリーナ、練習会場などの施設や設備等）の拡充を図ることはもとより、ソフト面での戦略が必要不可欠です。

（２）日本版ＮＣＡＡの具体的なビジネススキーム

今後、日本版ＮＣＡＡの具体的ビジネススキームを構築する必要がありますが、私は、ＢリーグとＪＢＡの改革モデルが一つの参考になると考えています。ビジネス拡大に向けて、具体的なポイントは、以下の①〜④に整理されます（図４、図５）。

①スケールメリットの最大化と全体最適

②デジタル技術とデジタルマーケティングの導入、ＣＲＭ（customer Relation Management）のための統一プラットフォームの形成

③各学連の有する権益のパッケージ化と価値の最大化

④各学連と各大学アスレティック・デパートメントのマネジメント部門の強化、支援

①今回の日本版ＮＣＡＡ構想においては、多くの競技の学連や大学が参加することになると予想されますが、各学連や大学が、部分最適のみを目指すのではなく、全体最適も目指すこと、また、規模を拡大することによるスケールメリットを最大化することに協力するという姿勢で臨むことが肝要です。そのために、日本版ＮＣＡＡは、各学連や大学と十分にコミュニケーションを図り、その運営手法や既存の権益等に十分尊重・配慮する姿勢で臨む必要があります。また、学連が保有する一定の権益や情報を共有することで、その価値を最大化することも目指すべきです。

②先ほど、Ｂリーグが行ったデジタル技術とデジタルマーケティングの導入、およびＣＲＭのための統一プラットフォームの設置などの取り組みについて述べましたが、日本版ＮＣＡＡにおいても、事業の発展に向け、デジタル技術とデジタルマーケティングの導入、そしてＣＲＭのための統一プラットフォームを創設することは必須だと思います。

③日本バスケットボール協会とＢリーグがそれぞれ保有する権益を統合、パッケージ化し、価値の最大化を図ったのと同様に、大学スポーツにおいても競技ごとに学連がそれぞれ有する権益（マーケティング権、放映権、マーチャンダイズ権など）を可能な範囲で共有化、統合し、その価値の最大化を図ることが必要です。

④また、日本バスケットボール協会がその傘下の47都道府県協会を法人化し、マネジメント支援を行い、Ｂリーグが所属クラブに対して、マネジメント支援を行ったのと同様に、日本版ＮＣＡＡも、今後、各学連と各アスレティック・デパートメントに対し、様々なマネジメント支援を行うこ

とも必要でしょう（図５）。

（３）Society5.0 実現に向けての貢献

ところで、今日の経済社会では、情報通信技術の革新に伴って、ＡＩ（人工知能）やＩｏＴ（Internet of Things）、ビッグデータ等を活用して新たな経済価値を生み出す第４次産業革命の動きが加速しています。サイバー空間（仮想空間）とフィジカル空間（現実空間）とが高度に統合したシステムが加速度をもって巨大化しつつあり、価値の主体が物から知識や情報へとシフトする知識集約型社会（Society5.0）へのパラダイムシフトが起きようとしていますが、このパラダイムシフトの起点となりうるのが、知・技・人材・情報インフラのストックが集積している大学です。したがって、今後、各大学が、日本版ＮＣＡＡ構想に取り組むに当たっては、単に大学スポーツの振興のみをターゲットとして位置付けるのではなく、自治体、地元企業やスポーツ団体等と連携を図りながら、Society5.0 の起点として、地域経済の振興・発展に貢献することにも取り組むことも一案です。各大学がそれぞれの地域の Society5.0 の拠点になれば、日本版ＮＣＡＡはそれら地域の拠点を束ねる中核拠点として Society5.0 のヘッドクォーターとしての役割も求められ、非常に大きな求心力が生まれる可能性も出てくるでしょう。

このようなスキームについてもこれから検討を進めて行きたいと考えています（図６）。

（境田正樹）

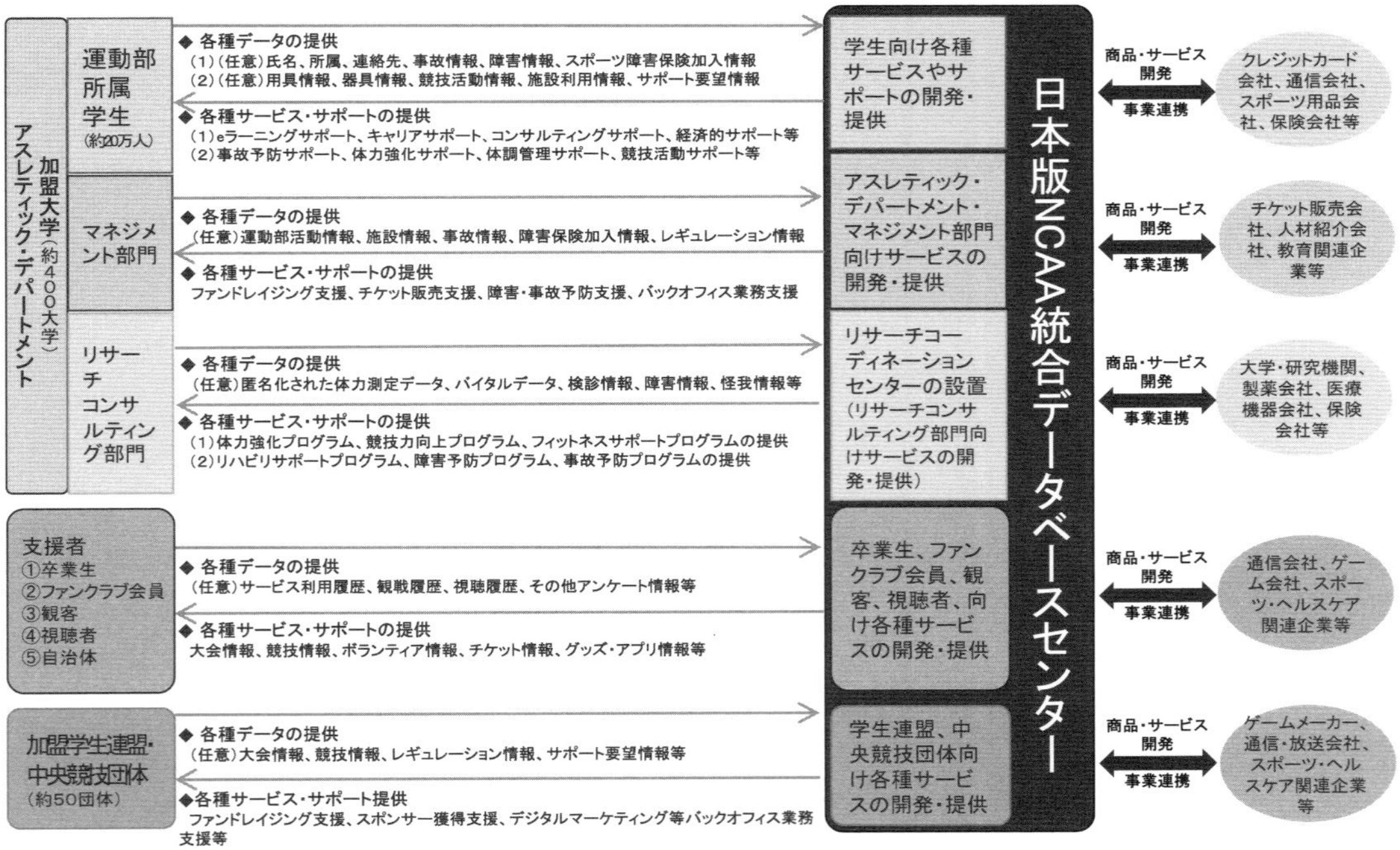

図 6　日本版 NCAA 構想における個別データの管理・活用案
（2018 年 8 月 31 日「日本版 NCAA 作業部会（第 2 回）」筆者配付資料）

第4章 スポーツ・インテグリティのこれまでとこれから

多様な捉え方の先を見つめる

近年、スポーツにおけるドーピング、違法賭博や八百長、試合の不正操作、暴力、諸団体のガバナンス欠如などが、スポーツの価値を脅かすものとして、国内外で大きな問題となっています。これらの諸問題は、アスリートやチームはもちろんのこと、そこに関わるスタッフおよび所属団体など組織にも大きなダメージを与えます。

これは、観客動員数、競技人口の減少や関連する収益の低下などといった有形のものから、組織のイメージや社会的な存在価値といった計算できない無形のものまで広範に及ぶ可能性があります。もちろんこれらの影響は一つの組織、団体にとどまらずスポーツ全体に波及することもあるでしょう。このような状況下において、スポーツの価値を守るという意味から、「インテグリティ（integrity）」という言葉が、ヨーロッパを中心として用いられるようになり、その言葉と概念、そしてその名のもとに展開される活動は、昨今、国内外においても広がっています。

しかし、以上のようなスポーツ組織全体における取り組みは、（筆者の調査では）その問題の認識や実態の把握も含め、歴史的に浅く、緒に就いたばかりの状態であると考えられます。特に、日本国内においては、スポーツ・インテグリティに関する基礎的な体制づくりが必要とされる段階にあると筆者は捉えています。その根拠と思われる取り組み事例の幾つかを紹介します。

一つ目は、2016年4月にスポーツ庁（JSA）、日本スポーツ振興センター（JSC）、日本オリンピック委員会（JOC）、日本障がい者スポーツ協会（JPSA）、日本スポーツ協会（JSPO）が共催して行った「スポーツ界におけるコンプライアンスの徹底に関する会合[1]」という取り組みです。これは、同時期にプロ野球選手およびバドミントン日本代表選手の違法賭博問題などが相次いで起こったことを受け、開催されたものです。この会合では、その対策の柱として「周知徹底」「研修の実施」「行動規範の策定・相談体制の構築」などが挙げられ、併せて、組織としてのスポーツ・インテグリティの確保がスポーツ団体に求められました。このようなインテグリティをめぐる諸問題の実情把握や対応について、国が中心となり、かつ国内競技団体全体に対して行われた取り組みは、これが初めてのケースと思われます。

二つ目は、２０１８年、超党派の国会議員で組織される「スポーツ議員連盟」が、「スポーツ・インテグリティの体制整備の在り方の検討に関するプロジェクトチーム」を設置し、「スポーツ・インテグリティ確保のための提言(2)」を行ったという取り組みです。

この提言を受け、スポーツ庁は、翌１９年、スポーツ団体における自ら遵守すべき基準の作成等に資するよう、適切な組織運営を行う上での原則・規範として、スポーツ団体ガバナンスコード(3)を策定しました。このような事例も、これまで見られなかったことです。ちなみに、スポーツ議員連盟の提言には、「スポーツ・インテグリティ（誠実性・健全性・高潔性）の確保が世界の潮流であるにもかかわらず、我が国において今般、スポーツ団体のガバナンスの機能不全等により、様々な不祥事事案が相次いでいることは極めて深刻な事態である。（中略）スポーツ・インテグリティの確保は、今こそスポーツ界全体を挙げて取り組むべき喫緊の課題である」と記述されています。

以上のような事例からも、スポーツ・インテグリティの脅威に対する新たな危機的状況が国内外のスポーツ組織において出現していることが見て取れるでしょう。このような状況において重要なことは、まずスポーツ・インテグリティに対する脅威の実態を明確にすることではないかと考えます。その上で、危機的な状況に対する取り組みの在り方や対策などを、官民問わず様々な主体において検討し、連携・協働を重視しつつ、具現的に推進していくことが重要と考えます。

本章では、このような問題意識に立って、スポーツ・インテグリティに関する国内外におけるスポーツ組織や機関の取り組み、および課題について紹介します。併せて、今後の在り方や方向性などに関する視点等を提案したいと思います。ここでの情報や視点が、スポーツ政策を含む多様な関係者の皆様の現場目線と繋がり、スポーツ・インテグリティに関する具体的かつポジティブな行動や取り組みへと展開される一助となれば幸甚です。

なお、ここで紹介する内容は、筆者の研究[4]および著書[5][6]を再編したものであり、その内容は2016年以前の情報が中心であることを最初に述べておきます。参考文献などについても、これら筆者文献および著書に掲載されております。

1　スポーツ・インテグリティという用語[4]

国内外におけるスポーツ・インテグリティの動向を概観すると、「関係する人間の行動規範」あるいは「(ある活動が) 価値を創出する状態」、または「ゲームにおけるフェアプレー」など、組織や活動によって異なった捉え方がなされているように思われます。

この状況は、インテグリティという言葉の多義性や活用範囲の広さを物語っています。ここでは、まず、「インテグリティ (integrity)」という言葉の意味や、スポーツ界における現状の捉え方および活用の状況について、その和訳も含め整理します。

■スポーツに依らない文脈に見られるインテグリティの意味

そもそも、インテグリティとは、どのような意味で使われている用語でしょうか。オックスフォード・イングリッシュ・ディクショナリー (O.E.D.) に依れば、「①正直、強い道徳性をもっていること、高潔さ、②分断されていない全体性、③構造を損なわれず統一された、健全な状態、④電子データの内部の一貫性、損なわれていないこと」と示されています。併せて、英和辞典では、一般的に「高潔さ」「誠実さ」「完全な状態」「健全」などと訳され、その日本語訳は多岐にわたっています。

マネジメント理論の第一人者として著名なピーター・ドラッカーは、インテグリティの定義が困難であることを指摘し、習得するというより、もともと持っていなければならない資質としてインテグリティを挙げています。

心理学者であるヘンリー・クラウドは、「インテグリティという用語は広く捉えなければならない」とその定義の多義性に言及し、インテグリティとは、「現実が突きつける要求に応える能力」であると定義化しています。

また、IT、情報技術の分野を見ると、ソフトウェアに関するシステム設計などの分野においてもインテグリティは重要な実効的側面を有する用語として活用されています。例えば、松尾谷・鍛冶は、「整合性（integrity）は、信頼性に関する内部特性の1つで、『ソフトウェアの内部で異常が発生してもデータやプログラムが破壊されない性質』と定義されている」などと紹介しています。

教育学に関連する分野においては、大学教育において教養教育の重要性とともに、インテグリティに関する教育の重要性も説かれています。岡部は、大学教育の目標に関して「日本語力、インテグリティ、向上心」の3つの要素を挙げています。そして、インテグリティに関しては、「一言でいえば正直さ、誠実さであり、人が社会生活を円滑に営む力と密接に関連している」と述べ、「これは、社会を構成する個人にとって最も重要な倫理的基準の1つ」であると述べています。

このように、「インテグリティ」という用語は、日本語訳が倫理的局面から実働的局面と広範囲にわたっています。いずれにしても、この用語は、品格や高潔性、真摯さや正直さといった人間の人格や行動の根幹を成す重要な資質を意味する用語であり、システムやプログラムの構造を含む組織の役割やあり方が健全に保たれている状態を意味する用語としても捉えられていることが見て取れます。

以上、スポーツに依らない文脈に見られる「インテグリティ」の用語活用の状況については、下記のようにまとめることができます。
①人格の形容および特性を表す。この場合の日本語訳には、高潔（さ）、誠実（さ）、清廉、真摯（さ）、正直（さ）、品位などが用いられている。
②完全な状態という概念を表す。この場合、複合要素によって構成された統合状態という概念が存在する。そして、この状態を意味する"integrity"の日本語訳としては、完全（性）、統合（性）、健全（性）、整合（性）、無矛盾（性）、一貫（性）などが用いられている。
③定義および日本語訳が多義的な用語であり、実情に応じて流動的な記述がされている。

■スポーツ・インテグリティに関する代表的な用語の説明

国内外のスポーツ組織は、スポーツ・インテグリティという用語を広く用いています。国内外のスポーツ組織において「インテグリティとは何か」「インテグリティとは」あるいは「インテグリティの意味とは」といった文脈で示されている記述から、概観した結果を以下に示します。

まず、国外を概観するとオーストラリア・スポーツコミッション（ASC）のWebサイト上のページには、「インテグリティとは、内面の価値と実際の行動が一貫していること」とあります。また、「スポーツ・インテグリティには、スポーツマンシップの擁護や、安全性、公平性、全ての関係者への環境の提供等、誠実さや実直さが含まれている。スポーツは、規程によって定義されているルールに則って『フェアプレーをする』ことも期待されている」とする記述も見られます。

また、国際オリンピック委員会（ＩＯＣ）は、２０１５年4月にスイスで開催されたフォーラムにおいて、「スポーツのインテグリティは、クリーンなアスリートを守る」という意味を含むトーマス・バッハ会長のコメントを伝えています。

競技団体に目を転ずると、国際ラグビー連盟（ＷＲ）のラグビー憲章には、「インテグリティとは、ゲームの核をなすものであり誠実さとフェアプレイによって生み出される」と、ゲームの原則上の重要要素としての意味が示されています。

続いて、コーチング分野についても確認しておきます。スポーツにおけるコーチング教育関係者が連携し、「職業」としてのコーチの地位や、その知識・技能育成の枠組みに関する国際的な整備・向上を目指す国際非営利団体として設立された国際コーチングエクセレンス評議会（ＩＣＣＥ）は、integrityを、「コーチのための行動規範」の7つの原則の1つとして示しています。ここには、「インテグリティが自身の価値観や行動に忠実であり、ロールモデルとして行動すること」と記述されています。

さらに、オーストラリア保健省内のユニットである「National Integrity of Sport Unit（NISU）」は、スポーツ・インテグリティという用語に関して「現存の定義は十分ではない」とした上で、「スポーツ・インテグリティとは何か」という項目において、「非合法な増強や外部からの影響（圧力）に左右されない、公明で誠実なパフォーマンスと結果」と示しています。

国内においては、日本スポーツ振興センター（ＪＳＣ）のスポーツ・インテグリティ・ユニットが、「インテグリティとは、高潔さ・品位・完全な状態を意味する」「スポーツにおけるインテグリティとは、スポーツが様々な脅威により欠けるところなく、価値ある高潔な状態を指す」と説明しています。また、日本スポーツ仲裁機構（JSAA）は、「インテグリティとは、高潔性、すなわち、誠実であるとともに強固な倫理原則を維持できている状態」と示しています。

JSCインテグリティユニットの創設者である河野一郎氏は、国内のスポーツ組織全体に関して以下のように述べています。「インテグリティという用語は、聞きなれないかもしれないが、国際的には重要な課題として取り上げられている。…（中略）…今日のスポーツ界を取り巻く国際社会において、スポーツのインテグリティを根幹から揺るがすような脅威が数多く存在している」と述べています。このコメントからも、国内においては、スポーツ・インテグリティという用語そのものの活用や意味の理解は、始まったばかりの状況であると考えられるのではないでしょうか。

以上を踏まえ、国内外の主要なスポーツ組織が示す、スポーツ・インテグリティという用語活用の状況を、表1にまとめました。これは、現在の国内外のスポーツ界における、スポーツ・インテグリティに関する代表的な用語説明だと思われます。

◘スポーツ・インテグリティへの脅威について

（1）スポーツ組織が示しているスポーツ・インテグリティへの脅威

北欧を拠点とした政策研究組織であるオックスフォード・リサーチ（Oxford Research, 2010）

表1　各スポーツ組織・会議等にみられる
スポーツ・インテグリティの意味に関する記述

組織	記述内容（抜粋）
IOC	integrity of sport とはクリーンなアスリートを守るという意味である。ensuring the integrity of sport means protecting the clean athletes.
WR	Integrity とは、ゲームの核をなすものであり誠実さとフェアプレイによって生み出される。Integrity is central to the fabric of the Game and is generated through honesty and fair play.
ASC	インテグリティとは、内面の価値と実際の行動が一貫していること。インテグリティを有する個人は、自らの価値観、信念、原則に従って行動することができる人である。 Integrity is the integration of outward actions and inner values. A person with integrity does what they say they will do in accordance with their values, beliefs and principles.
JSC	・「インテグリティ」とは、高潔さ・品位・完全な状態、を意味する言葉。 ・スポーツにおける「インテグリティ」とは、「スポーツが様々な脅威により欠けるところなく、価値ある高潔な状態」を指す。
ICCE	「（インテグリティとは）自身の価値観や行動に忠実であること。ロールモデルとして行動すること」 stay true to own values and actions; act as a role model.
JSAA	インテグリティ（高潔性）とは、「高潔性、すなわち、誠実であるとともに強固な倫理原則を維持できている状態」を意味します。 特に、スポーツ界においては、インテグリティ（高潔性）を脅かすとして社会的に問題視されている事象として、ドーピング、八百長、差別、暴力、パワーハラスメント、セクシャルハラスメント、スポーツ事故等、が掲げられています。

筆者が作成[2)]

は、スポーツ・インテグリティの主要な脅威として、「ドーピング」「パフォーマンス強化のための違法なテクノロジー」「スパイ行為」「スポーツ活動にからむ資金不正」「賭けを伴う八百長」「八百長を伴うスポーツ活動」「チート行為」「不正な経理・資金的不正」「マネー・ロンダリング」「若い選手の国籍移動」などがあることを示しています。

オーストラリア・スポーツコミッション（ASC）は、「スポーツにおいてインテグリティが欠けているとみなされる活動や振る舞いには、不当な優位性を作り出すこと、PED（運動能力向上薬）の使用や八百長、試合に意図的に負けるなどの行為を通した試合の不正操作などが含まれる。また、親、観客、コーチ、競技者による反社会的行為についてもスポーツのインテグリティに関する重要な問題である。反社会的行為には、いじめ、ハラスメント、差別、児童虐待も含まれる。」と示しています。この記述には、スポーツ・インテグリティへの脅威のみならず、「親、観客、コーチ、競技者」といった脅威の誘因者あるいは主体者についての言及もみられます。これは、競技者周縁の、本来在るべきポジティブな関与者が、逆に競技にネガティブな関与者として作用する可能性を示唆するものと読み取れます。

一方、国内においては、JSCが「スポーツ界にはいま、ドーピングや八百長、スポーツ指導における暴力、ハラスメント、ガバナンスの欠如など、『インテグリティ』を脅かす様々な問題がある」とし、その拡大領域として、「ドーピング」「チート行為」「八百長・不正試合操作」「ハラスメント」「人種差別」「贈収賄」「自治に対する外部からの圧力」「ガバナンスの欠如」といった脅威を示しています。また日本スポーツ仲裁機構（JSAA）は、スポーツ界においてインテグリティ（高潔性）を脅かす事象として、「ドーピング、八百長、差別、暴力、パワハラ、セクハラ、スポーツ事故等」を挙げています。

表2は、以上のような国内外の調査機関およびスポーツ組織が示しているスポーツ・インテグリティへの脅威を、その内容の類似性などの観点から分類したものです。

（2）スポーツ・インテグリティへの脅威の特徴から見た分類

スポーツ・インテグリティへの脅威については、「ドーピング・薬物関連」「八百長・違法賭博関連」「暴力・ハラスメント関連」「汚職・腐敗、不正な財的行為」「差別・不平等」などが挙げられます。これらに該当する脅威を分類すると、主に「勝利を目的としたもの」と「地位および財的利益を目的としたもの」に二分できます。また、スポーツに与える影響の程度・範囲といった観点から見ると、「限定的な個人の問題」と「高いレベルでの犯罪組織の関与」などにも分類できるでしょう。

さらにスポーツを「する」・「みる」・「支える」といった「行為の主体者」から見ると、表3に示

		国内	
ASC Ethics in Sports	NISU 2013 2014	JSC	JSAA
	●		
	●		
			●
			●
	●		
		●	
		●	●
●	●		
	●		
		●	
		●	●
●			
		●	
			●
●			
●			
		●	
		●	

筆者が作成[2)]

表2　調査機関およびスポーツ組織が示すスポーツ・インテグリティへの脅威（勝田，2017）

		国外	
		Oxford Research	ASC 2011
ドーピング関連			
	違法なパフォーマンスの強化		
	違法な薬物使用とフィールド外での違法行為		
	ドーピング	●	
	PED（運動能力向上薬）の使用		●
八百長・違法賭博関連			
	八百長・違法賭博	●	
	八百長と他の非倫理的な意志による成果		
	八百長、試合に意図的に負ける等の行為を通した試合の不正操作		●
	試合結果にからむ八百長	●	
	八百長を誘発する賭け行為	●	
暴力・ハラスメント			
	ハラスメント・パワハラ・セクハラ		
	暴言・暴力		●
	いじめ　嫌がらせ		●
	児童虐待		●
汚職・腐敗、不正な財的行為（金品や地位に絡む不正）			
	贈賄賂		
	マネー・ロンダリング	●	
	不正な経理・資金的不正	●	
	スポーツ活動にからむ資金不正	●	
差別・不平等			
	人種差別・差別		●
	不平等		
その他			
競技者 審判	チート行為	●	
	スポーツ事故		
	違法なテクノロジーの活用	●	
	ルールに反する勝利		
	反社会的行為や態度		●
	不当な優位性を作り出すこと		●
	若い選手の国籍移動	●	
関係者 支援者 組織	スパイ行為：espionage	●	
	自治に関する外部からの圧力		
	ガバナンス欠如		

表３　インテグリティを脅かす要因から見た分類

分類１	関わり	する	みる	支える
分類２	主体	アスリート	観客、サポーター、視聴者、ファン、その他	コーチ、審判、情報・医・科学支援スタッフ、スポーツ団体、メディア、スポンサー、保護者、その他
分類３	場、機会	競技フィールド内、競技フィールド外		
分類４	スポーツ・インテグリティを脅かす要因	ドーピング、チート（ごまかし）行為、人種差別、八百長、違法賭博、不正受給、暴力・暴言、ハラスメント、脅迫、ガバナンス欠如、汚職・腐敗、不正経理、不正な組織的圧力、その他		

（勝田ら，2016,『スポーツ教育学研究』36(2), pp.31-48 を改編）

すように分類できます。この表から、スポーツ・インテグリティ保護・強化に関する取り組みについて考えるとき、アスリートや指導者、審判や観客、スポンサー、試合や組織運営、安全など、多様な視点を持ち共有することが重要であることを伝えたいと思います。「スポーツのインテグリティを脅かす要因の主体者は、アスリートやコーチ、組織関係者だけではない」ということです（勝田, 2015, p. 50）。

2 スポーツ・インテグリティの保護・強化におけるスポーツ組織の取り組み

「オックスフォード・リサーチ」の調査（２０１０）では、スポーツ・インテグリティへの脅威に対抗する事例を探索した結果、一般的な取り組みとして、「『明確なガイドライン』・『検査と監視』・『教育』」の３つの領域にまとめられる」と報告されています。

このような情報も含め近年のスポーツ組織および関係機関の取り組みを精査すると、以下のように整理できます。これは、近年スポーツ・インテグリティに関する組織的な代表的取り組みとも言えると思います。

①取り組みに関する方針、表明、言及
②憲章、規程、計画、ガイドライン等の策定、見直し
③スポーツ・インテグリティ・ユニットなど、専門部署設置、専門人材の配置
④政府機関、専門機関、他組織等との外部連携・協力
⑤通報・相談窓口設置、情報収集・分析のための調査を含む監視・検査等のモニタリング
⑥研修、情報提供、教材開発等の教育的アプローチを含む「教育的活動」
⑦その他（予算措置、活動・事業評価、法的フレームに関する措置および適用等）

また、上記に関連する取り組みの現状について分析すると、以下のような課題が見られます。

（i）スポーツ組織間格差に関する課題
「網羅的に取り組みが見られる状態にある組織」と、「取り組みが計画段階あるいは部分的にとどまっている状態にある組織」といった格差が確認されている。

（ii）国内外の連携に関する課題
国際競技統括組織（ＩＦ）には、専門部署やインテグリティ・オフィサーといった専門人材

配置などの体制が構築されているが、加盟する国内競技統括組織（ＮＦ）には、同様の体制が構築されていないといった、ＩＦとＮＦ間の連携性に関する課題が見られる。

（iii）実践性と継続性に関する課題等

スポーツ組織の取り組みの多くが、計画段階から間もない緒に就いたばかりの取り組みであることが示唆されている。取り組みの実践性や継続性を保証し支援するために、政府組織などからの、予算措置、活動・事業評価、法的フレームに関する措置および適用等が求められていることも併せて確認されている。

表４は、スポーツ・インテグリティという用語のもとに展開されている開始および開催時が明確に特定できる新規的な取り組みを、年次別に整理したものです。この表から、スポーツ組織のスポーツ・インテグリティという用語のもとに展開されている取り組みの多くが、計画段階、あるいは実行間もないものであると推測されます。そして、特に国内において、その傾向は顕著であると見て取れるのではないでしょうか。

3　今後のスポーツ・インテグリティの取り組み検討のための提案(4)

ここでは、スポーツ・インテグリティに関する取り組みの在り方や方向性、具体的取り組み等の

表4　スポーツ・インテグリティ保護・強化に関する実践的取り組みの年次別整理

		2008	2009	2010	2011	2012	2013	2014	2015	2016
国外	IOC				MoU（Interpol）	倫理規程改訂教育プログラム（YOG）		・Plan 策定（Agenda 2020） ・Unit（Sochi）	通報窓口 Handbook IOC 憲章改訂	Unit（Rio） 通報（Rio） 監視システム
	IPC						・倫理規程		Drooping Cod 策定	
	FIFA					倫理規程改訂	・Committee ・e-learning			
	WR				Rugby 憲章に Integrity			Web 教育サイト 通報窓口	Officers（W 杯時）	
	IAAF									Plan 策定
	WADA	Mou（Interpol）			Plan（戦略計画）		MoU（ILAC）			
	Interpol	Mou（WADA）			Unit					
	AUS 政府				Report, Adelaide, Web（ASC）	Unit（NISU）	Report（ACC）			Guideline（ASC）
	UK 政府								Plan 策定（Sporting Future）	ガバナンス憲章策定
国内	JOC						通報相談窓口マネジメントセミナー			
	JPC									ガイドライン倫理コンプラ
	JFA						協議会設置 Workshop	八百長防止教育（各年代日本代表）	JFA・J リーグセミナー	インテグリティ協議会
	MEXT JSA							指導者暴力問題有識者会議設置	コーチング・コンソーシアム	コンプライアンス会合
	JSC							シンポジウム Unit 設置	2020 組織委員会連携開始	
	JADA							WADA と日本製薬団体連合会共同宣言に調印	「JADA Code」改訂	
	JASA									モデル・コアカリキュラム
	2020 組織委員会							ディレクター＆オフサー配置	IOC と MTG	IOC と MTG

筆者が作成[2)]

検討のために持つべき視点について提案します。

ロ［視点1］スポーツ・インテグリティを通して（integrity through sport）

国際スポーツ社会におけるスポーツ・インテグリティの英語表記には、“Sport(s) Integrity”、“integrity of Sport”、“integrity in Sport”の3つに大別されることが筆者の研究[4]において確認されています。

この表記について、前置詞に着目すると、スポーツ・インテグリティの普及・教育を担う国際組織や政府は、属性を表すofや範囲を表すinを用いている傾向にあることが示唆されます。つまり、これまでスポーツ・インテグリティは、スポーツという限定的な属性や範囲の中におけるインテグリティという文脈で論じられてきた可能性があると見ることもできるのではないでしょうか。

ところで、我が国においては、2011年に公布されたスポーツ基本法で特筆すべきは、「本法が旧法（スポーツ振興法）で目的としたスポーツそのものの振興にとどまるのではなく、スポーツの価値をより高い次元で捉えて、スポーツを通して社会をより良いものにしていくことを目指している点であろう。つまり“Development of Sport”から“Development through Sport”への転換である」と言われています。この理念の転換は、日本のスポーツにおける財政措置や法的措置（スポーツ基本法第7条）、あるいは国際交流や貢献（スポーツ基本法第7条）にも大きな影響を及ぼすことに繋がっていると思います。

表5　インテグリティという用語を用いた専門部署、専門スタッフの配置

組織区分	組織	専門部署の名、専門スタッフ名
政府組織	フィンランド政府	Finnish Center for Integrity in Sports
	豪州連邦政府	National Integrity of Sport Unit
	＊JSC	Sport Integrity Unit
競技団体統括組織	IOC	Joint Intelligence &Integrity Unit（五輪開催国組織委員会との設置）
競技団体	FIFA	Security and Integrity Committee
	＊JFA	インテグリティ協議会・インテグリティプロジェクト
	WR	Senior Legal Counsel & Integrity Unit Manager
	ITF	Tennis Integrity Unit
	IAAF	インテグリティ・ユニット創設のための措置発表（2016）
関係機関	INTERPOL	Integrity in Sports unit
	＊2020東京五輪組織委員会	インテグリティ・ディレクターとスタッフ

＊印は日本国内組織を表す
2016年筆者確認時点の情報をもとに作成

このようなスポーツの社会における変化を考えると、ofやinを用いている現状を仮に「スポーツそのもののインテグリティにとどまった概念」と解釈するとするならば、今後はスポーツ・インテグリティを社会全体から捉え、スポーツが社会に果たす役割や可能性を深めていく視点についても、より重要視していくべきではないかと考えます。つまり、スポーツとインテグリティの関係性は、単にスポーツの文脈の中でのみ語られるのではなく、例えば、「through（～を通して）」「by（～によって）」「for（～のための）」などの前置詞を用いることによって、新たな概念や捉える範囲の拡大・開拓に繋がる可能性が生まれると筆者は考えています。

いずれにしても、スポーツを通して社会のインテグリティの価値について考える視点、あるいはスポーツを用いて社会におけるインテグリティに関するアプローチを加速させるという視点を持ちながら、具体的な方策を検討することが必要と考えます[2]。

■［視点2］自主性・自発性（autonomy）

本章の冒頭で、2019年にスポーツ庁が「スポーツ団体ガバナンスコード」を策定したことに言及しました。このコードには、スポーツ団体のこれまでの運営に関する問題点について「スポーツを愛好する人々の善意やボランティア精神に支えられた組織運営は、自主性・自律性を育み、我が国のスポーツの多様な発展に貢献してきたが、一方で、組織運営に係る責任の所在を曖昧にし、コンプライアンス意識が徹底されず、組織運営上の問題が見過ごされがちになるなど、ガバナンスの確保がおざなりになってきた面があると考えられる。また、スポーツ団体が、そのスポーツに関わる、いわば「身内」のみによって運営されることにより、法令遵守よりも組織内の慣習や人間関係への配慮が優先され、時として、「身内」には通用しても社会一般からは到底理解を得られないような組織運営に陥るケースも見られる。」、そして「各NF（中央競技団体）においては、ガバナンスコードの遵守状況（直ちに遵守することが困難である場合を含む。）について、具体的かつ合理的な自己説明を行い、これを公表することが求められる。」と記述されています。

今後、スポーツ組織側の体制強化は、上記のガバナンスコードへの適応等も含め、公開性・公共性をもってさらに求められていくことは言うまでもないことでしょう。このような状況において、スポーツ団体は、スポーツ・インテグリティの脅威から発生する事象に対して、その対応に追われるだけであってはならないと思います。また、盲目的に外部の支援を受け入れるだけではなく、スポーツ・インテグリティの脅威に対して内部耐性の強化を図り、新しい資源を効果的に活用する体制構築などの自助努力を怠ってはならないと考えます。

「自治」は英語でAutonomyと訳します。辞典には「自治、自律、自主性を意味する（岩波・国語辞典）」とあります。つまり、自ら行うべき自治、自律、そして自立に向けた取り組みのあり方や実践に関して、新しい時代に求められる自主的・自発的（autonomy）について向き合うこと（視点）が重要であると私は考えています。

■［視点3］教育的アプローチ

スポーツそのものやスポーツの価値、あるいはクリーンなアスリートやゲームを、スポーツ・インテグリティへの脅威から守ることを目的に、行われる教育的取り組み（教育的アプローチ）が重要であることは言うまでもないことでしょう。

深刻化の一途を辿るスポーツ・インテグリティへの脅威は、国際社会で急速に拡大しており、このような状況に対して、IOCや英国政府、日本アンチ・ドーピング機構やJFAなど、国内外の関係組織がインテグリティへの脅威からスポーツの価値やアスリートを守るための教育の重要性と方策を示しています。

オックスフォード・リサーチは、スポーツ・インテグリティに関する教育について「処置や処罰のみだけでは効果は見込めない。抑止と合わせて実施されていくことが重要」、さらには「アスリートや関係者に対してスポーツの脅威に関する情報を与える、というのも1つの手である」「例えばスポーツの価値とは真逆の行動に関わりを持つことがなぜ間違いであるのか、アスリートが従うべき行動規範、スポーツの脅威に繋がる行動に関連するコンタクトを受けた時にどう対応すべきか、スポーツ、または広く社会における規則に違反した際の制裁や結果はどうなるか等が挙げられる」（2010）といった教育的アプローチによる課題解決の道や実践的な教育内容を示しています。

今後の、スポーツ・インテグリティに関する取り組みを進めていくために、「教育的アプローチ」は不可欠なものであり、その実践にあたっては、スポーツ関係者のみならず、広く全人類的に行なわれる必要があると考えます。

ここでは、「ナショナルアプローチからグローバルアプローチへ」と展開されるべきという視点と併せて、スポーツにおける規範や倫理を中核とする、規範倫理学を基盤とした教育的アプローチの必要性について提案します。加えて、今後は、具体的実施頻度や継続性はもとより、その対象や必要性の検討、そして教材や方法論、取り組みの効果に関する評価など、教育研究レベルの活動を含めた包括的な教育的アプローチの検討や具体的実践を加速させることも重要であると考えます。

■［視点4］試合におけるインテグリティ(7)

ここでは、競い合うスポーツの中核的な「場」とも考えられる「試合におけるインテグリティ」に着目します。

「試合（game, match, race）」を、競技スポーツにおける中核的「場」と捉えることに対して疑問を差し挟む余地はないでしょう。競技者は、この舞台（試合）での勝利やベストパフォーマンスの発揮を目指し、ここでの結果や内容から自己の課題や可能性など多くのことを学びます。もちろん、競技者に直接的に関わる者（例：現場スタッフなど）も同様です。さらに、オリンピックやパラリンピックのようなトップスポーツは、「みる者」を魅了し、この「場」への強大な磁場を出現させます。この中核的な「場」である試合におけるインテグリティは、その根底に据えられるべき重要なものと筆者は位置づけています。ちなみに、国際ラグビー連盟は、「品位（INTEGRITY）とはゲームの構造の核を成すものであり、誠実さとフェアプレーによって生み出される」と明記しています。

以上のようなことから、スポーツ・インテグリティの取り組み全体の検討において、「試合のインテグリティ」の重要性を共有するために、その視点をいくつかのキーワードをもとに考えていきたいと思います。

なお、本項は、「臨床スポーツ医学（光文堂、2019）」の筆者の「試合におけるインテグリティ」の内容を編集したものであることを付記しておきます。

（1）競う

最初に「競うこと」にどのような意義や意味があるのか考えてみたいと思います。漢字の「競」の成り立ちは、2人が並んで張り合うように祈る形であると伝えられています。また、英語の「compete（競う）」は、ラテン語の「competere」が起源とされ、この単語は「com（一緒に）」と「petere（求める）」から成り立ち、原義はラテン語の competere（共に努力する）と言われています（Oxford Living Dictionaries, 2018）。このようなことから筆者は、「競う」という行為は一人では成立しないものであり、共に努力しようとする建設的な姿勢が根底に据えられるべきものと捉えています。「互いの成長のために競う」という姿勢なくして、豊かな競い合いは生まれないのです。

（2）審判

審判の呼称である「レフリー（referee）」は、試合の審判を意味する用語の一つであり、審判の判定は、勝敗に直接的な影響を与える。そして、その存在は「試合中においては唯一の事実の判定者[2]」とも位置づけられることからも、担う役割の重要度がよく理解できると思います。

しかし、国際的かつ高レベルの試合に適応できる専門性や環境を有した審判には限りがあり、試合レベルの高度化、国際化、プロ化などに伴い、その存在の限定性は高まるものと予測されます。これは、多くの競技に共通したことでしょう。判定における情報機器の進化と導入は、それを補うものとして大きな期待が寄せられていますが、審判の毅然とした態度や安全性の予測行動（審判の判断でプレーや試合を止めることなど）、あるいは、判定に人間の判断や特徴が見えることも、スポーツの魅力や安全性（インテグリティ）を支える一部なのです。また、審判の行動やルールの適応などを通して、スポーツの本質に向き合い、学びの機会を得ることは広義でのスポーツの価値に結び付くとも思います。

一方、審判の八百長への関与が試合のインテグリティへの重大な脅威ともなります。「レフリー referee」は、「refer（任せる、委託する）」と「-ee（～された人）」とから構成されていると言われます。このことから「審判は、依頼（refer）された人・任された人」とも解釈できます。「審判はなぜ存在するのか」という根源的な問いや、その判定が試合のインテグリティを構成する一つの重要なピースであることなど、大切な試合を「任せる側」と「任される側」に立つ者が共に考えていくことが重要なのです。

（３）規則

ラグビーやサッカーの競技規則は、「LAWS OF THE GAME」と標記されています。「ルール（rule）」ではなく「law」という単語を用いています。筆者は、英米法系の基本的原理として「rule of law」（英語辞書：Weblio）という概念が存在することなどから、「Law は具体的な規則（ルール）の根本、あるいは基本的なもの」と解釈しています。

中村敏雄は、「スポーツのルールは、その歴史を見れば明らかなように、それぞれのスポーツを愛好した人たちの『合意』によってつくられ、また変化してきたもの」と述べています（１９９

1）。中村のこの考えに、前述した筆者のLawに関する解釈を重ね、「スポーツを愛好した人たちの『合意』のエッセンス（本質）が、“LAWS OF THE GAME”に記載されている」と捉えることは強引すぎるでしょうか。

いずれにしても、多くの競技における競技規則には、曖昧な表現やその適応に関して審判の判断に委ねられる部分が少なくありません。例えば、柔道やボクシングの体重別の試合は、全く同じ体重の者の対戦ではなく、階級を設け体重の近い者同士が競い合っています。サッカーの競技規則には、その適応について「多くの状況において『主観的な』判断を必要とする」と書かれています。

個人の利益や目先の利益ばかりに目を奪われ、参加する人の「全体」や競技そのものの「未来」に対する視点が欠如すると、「試合」の面白さ（インテグリティ）を手に入れることは難しくなります。“Law”という言葉から紐解かれる本質的意味や、（試合）参加の前提となる「合意」を重んじる精神（Lawの精神）をインテグリティの観点から考えることを大切にしたいと考えています。

（4）アスリート・ファースト

筆者は、試合の中で危険を回避したり、至高の瞬間を生み出したりするために行われる自発的かつ自動的な意思決定は、「試合における自治」を生み出す重要な要因と位置づけています。特に、瞬時の判断や最大の力の発揮が必要とされる試合中において、自らを守り、対戦相手を守り、スポーツそのものを守るための、競技者および審判の自律的行動は、試合を構成する全員の中枢に刷り込まれていなければならないと考えています。競技規則とともに、全てのレベルでプレーする人たちのための基準を示すラグビー憲章には「ボールを獲得しようとして相手に強烈な身体的圧力をかけていると見られることにはまったく問題はないが、それは故意に、あるいは悪意を持って怪我を引き起こそうとする行為とは全く別なものである。これらはプレーヤーとレフリーが追求していかなければならない境界線であり、自制と規律を融合させ、個人及び集団でそれを明確に線引きする能力が求められ、行動の規範はその能力に依存している。」と記述されています。

アスリートや現場スタッフらが、試合中の安全も含めそのインテグリティについて、率先して守り高めようとする自助努力を忘れたら、試合は、その魅力と価値を失うでしょう。筆者は「アスリート・ファースト（Athlete First）とは、アスリートが第一義としてなすべきこと」と定義したいと考えています。それは率先して試合のインテグリティを体現すべきは誰かを理解することが自分自身を守り、周りを守ることに繋がり、ひいてはアスリート・ファーストを具現化することになるからです。その自主性、自発性（autonomy）がこれまで以上に求められているのです。

4　次の世代につなげたい想い

これまで述べてきたように、ドラッカーをはじめ、多くの識者が integrity の定義に加え、訳の困難さについて指摘しています。しかし、言葉には力がある。人を動かし、社会を動かす力があり、私たちは、言葉が強い影響力を持つことを折に触れて経験してきています。まずは、その意味や意義について考えを巡らし、インテグリティという言葉の持つ力を信じて、この言葉と向き合うことが重要だと考えています。

個人として、組織として、より良き未来を創っていくために"integrity"という言葉と、その言葉から紐解かれる行動について考え、世界と地域の安定を視野に入れ共有しようと真摯に努めるプロセスを、私は大切にしたいし、皆さんにも大切にしていただきたいと考えています。

（勝田　隆）

●参考・引用文献

（1）スポーツ庁「スポーツ界におけるコンプライアンスの徹底に関する会合、団体としてのスポーツ・インテグリティの確保」、2016年.

（2）スポーツ議員連盟「スポーツ・インテグリティ確保のための提言」スポーツ・インテグリティの体制整備の在り方の検討に関するプロジェクトチーム、2018年.

（3）スポーツ庁「スポーツ団体ガバナンスコード〈中央競技団体向け〉」スポーツ庁、2019年.

（4）勝田隆「スポーツ・インテグリティの価値に関する研究〜スポーツ組織の取り組みに着目して〜」、早稲田大学、2017年.

（5）勝田隆「スポーツ・インテグリティの探究」、友添秀則監修、大修館書店、2018年.

（6）勝田隆「スポーツ・インテグリティとは何か」友添秀則・清水諭編『現代スポーツ評論』32：42-55、2017年.

（7）勝田隆「試合におけるインテグリティ」、『臨床スポーツ医学』光文堂、2019年.

第5章

スポーツと体育の概念的相違

スポーツと体育は何が違うのか

皆さん、こんにちは。さて、スポーツ立国推進塾の講座も4回目になりました。オリンピック招致の舞台裏、本当に興味深いお話でした。Bリーグ創設にもドラマがありました。また、誕生したばかりのUNIVASの今後、私もこれに関わった一人としてその発展を願わずにはおれません。何かが生み出されるというのは、少し難しい言い方ですが歴史的必然なのかもしれません。それはスポーツの世界でも然りです。他方で、現代スポーツは大きな倫理的課題を抱えています。これは、インテグリティという倫理的視点からその在り方が問われるようになりました。

オリンピックをどう招致するのか。Bリーグの創設や、いままさにラグビーのプロリーグが生まれようとしていますが、スポーツビジネスをどう考えるのか。インテグリティとスポーツの中での正義の希求、さらに次回以降の講座で扱われるスポーツとメディアの関係論やスポーツジャーナリズム。こういった問題は全て、現代スポーツの最前線、いわば臨床的な応用問題です。

皆さんも学生時代に試験や受験の経験があるかと思いますが、応用問題を解くためには、基礎問題をしっかり固めておく必要があるのではないでしょうか。スポーツの世界でもそれは同じです。国際大会で活躍するトップアスリートも基礎的なスキルの練習を大切にしています。応用問題を解くには基礎問題を十分に理解し、解く練習を重ねておくことがとても大切です。

今日は、現代スポーツという応用問題を考えるための基礎的な学習、それも最も大切な基礎的演習問題を皆さんと考えてみたいと思います。こういう問題意識から、スポーツと体育とは何が同じで、何が違うのかを考えてみたいと思います。

ご承知のように、後でも少し触れますが、２０１８年4月から日本スポーツ協会に名称を変更しました。１９１１年に嘉納治五郎によって創立された時の組織名称「大日本体育協会」から、第二次大戦時（１９４２年）には一時、「大日本体育会」、戦後は「日本体育協会」（１９４８年）と名乗り、実に１００年余も一貫して、「体育」という言葉を組織の名称として使ってきました。しかし、２０１８年度から、体育からスポーツに組織の名称を変えました。どうしてでしょう。もっとも、１９６０年には既に、創立以来の英語名称の表記を「Amateur Athletic Association」から「Amateur Sports Association」に変更していましたので、国内には「体育」協会、国外には「スポーツ」協会として名乗っていたことになります。

この名称の変更過程をみても、どうも私達にとって、スポーツと体育はいったい何が同じで何が違うのか、よく分からないところがあります。今日の講義では、短い時間ですが、スポーツと体育の異同を考えることにしたいと思います。

1　スポーツと体育をめぐる2つの考え方

スポーツや体育の違いについて人に尋ねても、明確に説明をしてもらえなかったという経験はないでしょうか。時には体育の先生やアスリートに聞いてもはっきりしなかったということはなかっ

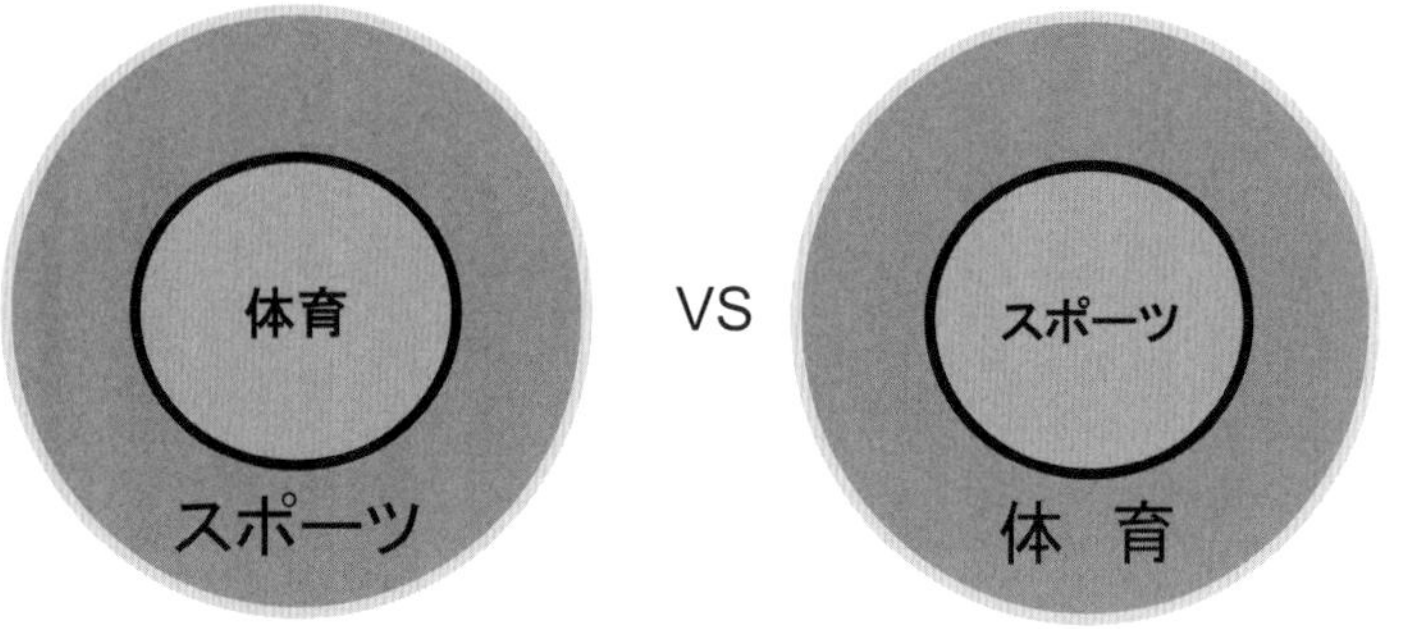

図1　スポーツと体育の２つの伝統的な考え方
どちらも間違い！　スポーツと体育はまったく異なるもの。

たでしょうか。この言葉の異同を明確にすることは、考えてみれば結構難しいのかもしれません。

図1を見てください。この2つの円は、スポーツと体育の伝統的な2つの考え方を示したものです。

ある人は、「体育は大きな概念で、スポーツはその中に含まれる小さな概念だ」と答えます。難しい言い方ですが、体育はスポーツの上位概念で、体育という事象の中の一部分にスポーツがあるというわけです。逆に、ある人は、「いや、そうじゃなくて、逆にスポーツの中に体育が含まれる」と答えるかもしれません。図1の左の図ではスポーツが大概念で、その一部に体育が含まれるという考え方です。皆さんは、いずれでしょうか。どちらを支持しますか。幾分かの違いはあっても、たいていの人はスポーツと体育の大小関係で、スポーツと体育の違いを説明しようとします。聞いているほうは、どうも説明を聞いていても、小さな不満は残るのだけれど、スポーツや体育という言葉で経験してきた過去の自分のそれぞれの体験を思い返しながら、何とか納得しようとしてきたのではないでしょうか。

今日の講義の結論を先取りして言えば、実はどちらも間違いで、スポーツと体育はまったく次元が異なるものということになります。

2　スポーツと体育の混同

それではなぜ、このような考え方が起こってきたのか。つまり、なぜスポーツと体育の混同が起こったのでしょうか。

スポーツが大好きのイギリス人やアメリカ人の間でさえ、スポーツを趣味として行う以上に、それを真面目な学問の研究対象として考えることは、つい最近までの長い間、アカデミックタブー（Academic Taboo）（岸野, p. 79, 1977）だったと言います。

つまり、牛の膀胱をボールに見立てて、乱暴な振る舞いや暴力を伴いながら長い間行われてきたフットボールは、上流階級のジェントルマンにはふさわしくないということになります。どうも、19世紀前半までは、スポーツは社会的ステータスの低い文化だとみられていたようです。このようなスポーツに対する偏見は、スポーツの発祥国の本家イギリスやアメリカだけではなさそうです。

ところで、スポーツと呼ばれるもののほとんどは、我が国では明治時代のはじめ、イギリスやアメリカから来日し創立間もない日本の大学などで教えた「お雇い外国人教師」達を通じて伝わったものです。スポーツという言葉も、実際の種目が伝わるのと前後して日本に伝わりました。

sportという言葉は、明治の初め（1874年、明治7年）の英和辞典では、「嬉戯（タワムレ）、遊戯（アソビ）、嘲弄（ちょうろう　筆者注・あざけりもてあそぶこと）、滑稽（オドケ）、遊猟（筆者注・猟をして楽しむこと）」と訳されています。つまり、スポーツという言葉に「遊び」に関係した意味が付与されていきます。これ以降わが国では、スポーツという言葉が「遊び」に関係したものであり、真面目さや勤勉さとは縁遠いイメージが形づくられていきました。

日本にスポーツが移入された頃の本家イギリスの、賭けや粗暴さと結びついたスポーツの文化としての社会的評価の低さが、日本でのスポーツの最初の評価をも決めてしまったようです。だから日本では、特に学校などの教育的な場では、スポーツという言葉よりも教育を含意した「体育」（Physical Education,「身体教育」の略語）が、また世間一般で勝敗に重きを置く場合には、「競技」や「運動」が多く使われていくようになりました。

この傾向はつい最近まで、時には今でも続いていると言えるかもしれません。例えば、「生涯スポーツ」ではなく「社会体育」という言葉が使われたりします。2023年度から「国民スポーツ大会」に名称が変更されることが国会で決定（2018年6月）しましたが、「国民体育大会」はスポーツの競技大会であるにも関わらず長きにわたってこの名称が使われてきました。さらに、スポーツを楽しむことが趣旨なのに、「体育の日」（英文表記はHealth-sports Day）と言ってきました。この名称も東京オリンピックが開催される２０２０年以降は「スポーツの日」に改められることになりました。この他にも、競技スポーツを行っているのに、体育会運動部などの名称がとられていますし、大手の新聞社でも「スポーツ部」と言わず「運動部」という名称を用いているところが少なくありません。先ほどお話しした、スポーツ関係の団体の統括組織であるにも関わらず、日本体育協会と言ってきた理由がお分かりいただけたかと思います。と同時にスポーツの競技団体を中心に構成された組織を「体育」という言葉で括ることには、やはり矛盾があるということです。

3　スポーツの概念を考える

■スポーツ概念の歴史的変遷

それでは「スポーツ」と「体育」の概念について、考えてみたいと思います。まずは、スポーツから考えてみましょう。

普段、スポーツとは何かを考えることはあまりないように思いますが、そもそも「スポーツ」という言葉は外来語です。当然のことながら、日本語には「スポーツ」という言葉はありませんでした。言葉がないということは、言葉が表現する実体、つまりスポーツなるものも日本にはなかったということになります。実際、日本ではサッカーやゴルフ、フェンシングは生まれませんでした。

ただし、日本でも古くから貴族、武士、庶民といった階級を問わず、石合戦やけまり（蹴鞠）、鷹狩、綱引き、相撲、武術、導引（一種の健康体操）、日本泳法、遊山（山遊び）などの運動が盛んに行われてきました。明治以降、スポーツの日本への普及定着の過程で、これらの日本の民族伝承運動の多くは衰退したり、消滅したりしてしまいました。でも、これらのものは厳密な意味では、スポーツということはできないとまずは考えたいと思います。

というのも、スポーツとは18世紀中頃から19世紀末までの近代という特殊な時代に、最初はイギリスで、その後引き続いてアメリカという地域に生まれた、独自の論理（資本の論理、自由競争の論理、平等主義の論理、禁欲的な倫理観、モダニズム）を持ちながら、大筋活動と競争を伴った身体運動に関わる独特の形式をもった文化だと考えられるからです。だから、たとえ、けまりや相撲、武術など、見た目の活動形態がここでいうスポーツと似ていたとしても、スポーツではないということになるのです。つまり、くどいですが、スポーツは元来、英米という特殊な歴史や文化、社会を背景にして創られてきた独特の文化であって、英米人の彼らからみれば、スポーツがはるか極東の、狭い島国の草が茂る肥沃な土地の日本で行われるなどとはまったく想定もしていなかったと言えます。

もちろん、スポーツは何もないところから突然、生まれたわけではありません。例えば、先ほどお話ししたように、牛や豚の膀胱をボールに見立ててその争奪を熱狂的に行ったという、中世から伝わる民族伝承運動を、近代という時代に貴族（ジェントルマン）や産業革命で台頭した産業ブルジョアジーと呼ばれる人達が、主にパブリックスクール*で様々な工夫を繰り返しながら技術やルールを合理化したり、洗練化して創りあげていったものがスポーツなのです。だから、イギリスで古くから伝承されてきた民衆の遊びや身体運動がスポーツの母体ということもできます。

ところで、このようにスポーツを限定的に捉え、お話ししてくれば、古代オリンピックで行われた運動競技はスポーツではないのか、という反論を受けるかもしれません。そうです、ここまでお話ししてきた事柄に即して言えば、確かにそれらはスポーツではありません。しかし、古代ギリシャの運動競技と近代の英米に生まれたスポーツの連続性を指摘し、古代ギリシャの運動競技も広い意味でのスポーツだと主張する人達もいます。彼らはスポーツをもっと広い意味に捉えます（寒川、２００４）。

他方で、古代ギリシャの運動競技と近代の英米に生まれたスポーツには連続性がなく、断絶があると主張する人達もいます（N・エリアス、H. Eichberg）。この立場では、近代の英米に生まれたものだけが、厳密な意味でのスポーツということになるわけですが、私が今、お話しした中核的な考えはこれに依拠しています。しかし、このように研究者の間でさえ、スポーツの概念についての

＊パブリックスクール
イギリスの13歳～18歳の裕福な階層の子弟を教育する寄宿制の私立のエリート校。ラグビー、イートン、ハーローなどの校庭で人格形成を目的にフットボール、クリケット等が盛んに行われた。

合意はなかなか難しい現実があることも知っておいていただければと思います。ただ、確実に言えることは、最近ではe-スポーツがメディアで取り上げられることが多くなりましたが、スポーツそれ自体の広がりや概念は時代や社会の変化と共に常に変容し続けるということです。

ロ現代のスポーツの概念

イギリスではスポーツは恋をすることから山登りまで、実に多様な意味があると言われています（P・C・マッキントッシュ、1970）。また、アメリカのスポーツ・イラストレイテッド誌では、トランプのブリッジの戦術が連載されています（中村，2000，p. 115）。アメリカ人にとっては、トランプのようなカードゲームもスポーツだと考える人達がいるということです。

表1をご覧ください。スポーツは語源的には、気晴らしや気分転換を意味する中世英語のdeportから変化し、主に狩猟を意味する時代を経て、18世紀以降スポーツが組織されるにつれ、競争やプレイ、激しい身体活動を意味するようになってきました。このようにスポーツの概念は時代によっても違います。

ところで、スポーツはイギリス（大英帝国）の植民地政策とともに植民地に伝えられ、洗練、改変されながら世界に広まり普及しました。そしてスポーツが伝えられた国の土着の民族伝承運動と文化的に複合しながら、当該国独特のスポーツの概念を構築していく場合もあります。例えば、Baseballと我が国伝来の武術の伝統規範がそこに反映されて一球入魂を標榜した野球とでは、同

表１　スポーツの語源的変遷

dēportāre（原意：運び去る、運搬する、移る）：ラテン語
↓
desporter，deporter：古代フランス語
↓
deport（楽しみ、娯楽、気分転換）：13～14 世紀の中世英語
↓
disport（気晴らし、娯楽）：16～17 世紀の英語→ Sport へ
↓
Sport（自由な活動や狩猟）：17～18 世紀ジェントリの文化

・19 世紀の産業ブルジョアジー
組織的ゲームをパブリックスクールで推進
19 世紀以降→運動競技としてのスポーツの定着
・現代＝遊戯性、競争性、激しい身体活動

じルールであっても（時にはルールそのものが変更されて）、概念が微妙に異なる場合があります。

さて、産業社会の成立とともに誕生し発展したスポーツは、当然のことながら、産業社会が持っている特徴をその内部に深く刻み込んでいます（A. Guttman, 1978）。それらの特徴をみれば、スポーツとは何かの大枠は理解できると思います。それらは次のものです。

①世俗化…スポーツは古代ギリシャの運動競技や中世の民族伝承運動とは異なり、スポーツと宗教的儀式との関係はまったくありません。今、神様に捧げるためにスポーツが行われることはありません。

②平等化…スポーツでは競争の機会と条件の平等化が保障されています。社長さんだからといって、打順が１イニングで何度もまわってくることはありません。

③役割の専門化…野球選手のように、それぞれの役

割の専門化が進んでいます。
④合理化…スポーツにはタブーや伝統によって規制される事柄はありません。ルールも組織も合理化され続けてきました。
⑤官僚的組織化…IOCやIFを見れば分かるように、スポーツの組織や団体は官僚的な機構で構成されています。
⑥数量化…言うまでもなく、スポーツではタイムや記録が極めて重要な意味を持っています。
⑦記録の追求…古代の運動競技や中世の伝承運動では勝者がいれば十分でした。現代スポーツでは100分の1秒の違いが大きな意味をもっています。

さて、それではスポーツの概念についてまとめていきたいと思います。スポーツは1920～70年代にかけて、徐々にスポーツが市民権を獲得し、社会の中で重要な領域を占め出して以降、広い意味で捉えられるようになりました。これには1970年を前後して起こったヨーロッパのスポーツ・フォー・オール（Sport for all movement）の影響があると思います。現代のスポーツとは、オリンピック種目となった国際スポーツから、各民族に伝承されてきたいわゆる伝統スポーツ、またニュー・スポーツ等を含み、体操、エクササイズ、ウォーキング、ダンス、武道等も含めて広くこれらをスポーツとして考えるようになってきたと言えます。つまり、スポーツは広義には人類が長い歴史的過程の中で醸成してきた、可変性をもった人間の身体運動に関わる文化の総体、狭義には近代に英米で発祥した独自の文化様式を持ったものであると考えられるように思います。

4　体育の概念を考える

■体育学における体育の概念

それでは、次に体育の概念について考えてみたいと思います。体育とスポーツの概念の混同は、体育学と称される研究を行っていく上でも大きな障害になってきました。実は、この体育学も現代では「スポーツ科学」と一般に言われるようになってきたことにも留意しておくことが必要です。学問名称の変化の理由については後で少し触れたいと思います。

戦後の体育学研究を代表する研究者も体育の概念の検討を行ってきました。詳しくは私の著書に譲るとして（友添，2009）、それらの研究成果を見ると、概ね以下のようにまとめることができると思います。つまり、①体育が教育であること、②時代とともに体育概念の捉え方が変化してきたこと、③体育とスポーツは活動形態の類似性があったとしても、スポーツは体育という教育的営みの中で一定の教育目的を達成するための手段、媒介であることの３点です。

難しい言い方になりますが、体育は教育概念の範疇に入るということ、換言すれば体育概念は教育概念のいわば種概念であるということです。私が勤務するのは早稲田大学スポーツ科学部です。

私が40年近く前に卒業した大学は筑波大学体育専門学群で、いわゆる体育学部です。スポーツ科学部にはスポーツ哲学やスポーツ政策論、スポーツ経済学、スポーツ外科学・内科学などのスポーツ医学、スポーツ生理学、スポーツ教育学、スポーツ倫理学などの講義や関係講座があります。私の学生時代の専攻は体育原理と体育科教育学というもので、体育社会学、体育管理学、体育心理学などの講義と講座がありました。しかし、現実のスポーツ研究は既に教育の範疇を超えていて、スポーツ医学でマウスの脳の海馬の運動による変化を研究したり、スポーツビジネス領域でスポーツの経済波及効果を研究するように、教育の範疇を前提に行われてきた体育学研究をはるかに超えています。ここでも「体育」学から「スポーツ」科学への名称変化が見て取れるように思います。

次に、教育学関係の辞書・事典や体育学・スポーツ科学関係の辞書・事典で体育がどう定義されているかを見ておきたいと思います。辞書・事典類に見られる体育の定義の特徴は要約すれば次のようになります。①体育は身体活動によって身体の発達をはかり、健康の維持増進や人格形成をはかる教育であること、②体育は教科の名称であること、③知育、徳育と並んで教育の3分法の1つであること等です。

他方、体育学・スポーツ科学関連の辞書・辞典類に見られる体育の定義の特徴は、①体育は教育の一領域・機能をさすこと、②教育の立場から体育が取り上げられるようになったのは20世紀に入ってからであること、③体育の概念は歴史的に「身体の教育」「身体運動による教育（身体運動を媒介とした人間形成）」「運動の教育」へと変わってきたこと等が挙げられます。

これらをまとめると、体育は教育の一領域を占めること、また「身体の教育」「身体運動による教育（身体運動を媒介とした人間形成）」「運動の教育」と歴史的にその意味するところは変化してきたのだけれど、一貫して、身体活動によって、身体や人格の形成を目的とする教育であると考えられるということ、体育は時々の社会的変化に応じてその内実は可変的であるというところでしょうか。

■体育概念の歴史的変遷

ところで、教育学や体育学・スポーツ科学関連の辞書・事典類に記載された「体育」の定義や先行研究に見る体育の概念は、実は体育概念の歴史的変遷に影響されて述べられたものでもあります。そこで、次に体育概念の歴史的変遷について簡潔に触れておきたいと思います。

明治時代以前の文献上には、体育という言葉はありません。明治時代のはじめにハーバード・スペンサー（H. Spencer）の知育・徳育・体育に示される三育思想が我が国に入ってきました。スペンサーの代表的な著作、「Education: Intellectual, Moral, Physical」（１８６０年）が翻訳されてはじめて、同時に「Physical education」の概念が日本へ導入されたと考えられるように思います。「Physical education」は当初、「身体に関する教育」「身体（の）教育」の訳語をあてられ、略して「身教」「育体」の表現もありますが、明治９（１８７６）年に近藤鎮三という人が、文部省雑誌第６号の「独逸教育論抄」の翻訳中ではじめて「体育」を使用したのが始まりのようです。

明治5（1872）年の学制公布以降、同年には「体術」という教科が生まれ、その2年後には、「身体の教育」を担う教科として「体操」科が設けられています。体操科では、徒手体操や鉄棒等の教材としても体操（運動）を通して、身体の教育、つまり体育がなされるという構造が明治10年代には確立しています。明治20年代～30年代、特に教育勅語発布以降は兵式体操が重視され、体育は多目的（身体形成・徳育的性格形成・技能形成）を達成する運動教育と考えられるようになっていきました。ここでは体育＝運動＝スポーツという考え方ではなく、体育が最も大きな概念で、その中に運動が含まれ、運動の一部分としてスポーツがあるという関係構造、つまり体育＞運動＞スポーツという考え方がとられていくようになります。もちろん、ここには先程来お話ししたスポーツの社会的低評価が反映していると考えられ、この後、一般には公的には「体育」が用いられ、スポーツを指す場合には「競技」、もしくは「運動」という言葉が使用されるようになります。スポーツが人々に用いられるようになるのは昭和時代に入ってからということになるように思います。

■教科としての体育の変化

次に教科としての体育とその理論的基盤の変化を確認しておきたいと思います。戦前は明治、大正、昭和の各時代を通して、教科名が体術、体操と変化してきたことはお話ししました。そこでは、一貫して体操を教材に教師の命令と号令による全員一斉の指導を行い、今風に言えば心身強健のよき国民（臣民）を形成することが目指されました。

戦時体制が進んだ昭和16（１９４１）年には、教科名が体錬と変わりましたが、ここでは体操教材に加えて、軍国主義的な教練教材を通して、教師による一斉指導を行いながら、強健な身体（強靱な精神力を含む）の形成、つまり文字通りの「Physical Education」を行ったわけです。より端的に言えば、体錬という教科を通して、軍事教練的な授業を行い、この教科は戦争の準備教育を担うようになりました。

戦前は身体の教育に加えて、運動を手段とした教育の意味を含意するようになった体育概念は、先にも少し触れましたが、教科名ではなく、このような構造のもとで行われる教育という意味で用いられていました。

教科名としての体育は、戦後、アメリカの新体育（New Physical Education）に倣いながら、スポーツを教材に児童・生徒の自主的・自発的活動を重視しつつ、グループ学習を通して民主的人間の形成が目指される教科として初めて用いられました。戦時下と戦後すぐの体育の違いは、表２に示す通りです。

戦後も１９５０年代半ばから、身体活動を通しての教育（Education through Physical）が体育の理論的基盤と考えられるようになり、運動やスポーツを通して民主的人間を形成することが教科の大きな目標になっていきました。ただし、１９７０年代中半以降、レジャー教育の準備教育としてのプレイ教育やスポーツの楽しさを学習内容の中核とするスポーツ教育に体育の理論的基盤も変化しました。つまり、生涯スポーツの時代に対応した教科のあり方を採用するようになったという

表2　戦前と終戦後の体育の比較
（友添秀則（1997）中村敏雄編『戦後体育実践論集 第1巻 『民主体育の探究』, 創文企画, p. 232 より）

事　項	戦前の学校体育（国民学校体錬科教授要項）昭和17（1942）年	終戦後の学校体育（学校体育指導要綱）昭和22（1947）年
教育の一般目標	皇国民錬成	民主的人間形成
体育の目標	○規律節制の涵養 ○堅忍持久の涵養 ○質実剛健の涵養 ○服従精神の涵養	○身体的発達の促進 ○社会的態度の形成 （主要目標）
主要教材	徒手体操・武道・教練教材	遊戯・スポーツ
方法	○教師中心 ○画一的・形式的一斉指導 ○教材中心単元 ○注入主義	○児童中心（教師は援助者） ○自主性・自発性尊重の指導（命令・号令の禁止） ○生活単元と教材単元の併用（但し、生活単元が主） ○問題解決学習
体育カリキュラム	○典型的な教材（教科）カリキュラムに基づく体育 ○カリキュラムの自主編成権なし	○相関（経験）カリキュラムに基づく体育 ○カリキュラムの自主編成権の保証
「要項」及び「要綱」の性格	本要目に基づくこと（国家的統制）	参考資料（試案）
教育行政並びに体育行政の性格	○教育（体育）行政は強権的中央集権に基づく ○官僚統制的体育行政	○教育（体育）行政は民権的地方分権に基づく ○民権的体育行政

ことだと思います。

このように見てくると、教科としての体育も時代や社会の変化に応じて、その内容や方法は大きく変わってきたことがよく分かるかと思います。ここでお話ししたことをまとめると体育という教科は、時代や社会の変遷の中で体操や運動、戦後は主にスポーツを教材として用いた教育を指して用いられてきたことが分かりますが、体育という教育の一領域で、スポーツは一定の教育目的の達成のための教材、もしくは素材として用いられてきたことがご理解いただけるかと思います。

5 スポーツと体育の関係論

このスポーツと体育の関係を、図2を使ってお話しします。この式は、体育という教科を関数を使って定義した模式図です。「P.E.（体育）」は、a＝指導者（教師）、b＝生徒、教材としてのc＝スポーツ、が体育という教科の目標とともに、体育への時代的・社会的要請＝f(x) を受けて教育課程が決定されるということを表しています。

このように考えると体育は教育的な働きかけ、いわゆる機能概念（Funktionsbegriff）で、スポーツはこの働きかけを大きく規定する教材、つまりルール、用具、一定の身体操作様式、行為基準、技術体系（スキル）等をもった実体概念（Substanzbegriff）であるということが言えると思います。目にはみえない働きかけの機能概念である体育と、この機能を生ましめる一要素の実体としてのスポーツという関係構造が構成されるということになります。

P.E.（体育）＝ f(x)(a, b, c | P)

a ＝指導者（教師）　b ＝生徒　c ＝スポーツ
P ＝体育の目標
f(x)＝体育への時代的・社会的要請

図２　体育とスポーツの関係（友添秀則，2009）

これまで述べてきたように、スポーツと体育は我が国では混同して用いられますが、そもそもスポーツと体育は全く次元の異なるものであり、これの混同や混用は我が国に特徴的なことであることが、少しはお分かりいただけたでしょうか。実は体育やスポーツに関係した専門用語はまだ明確に規定されていないものは少なからずあります。これからの考察や研究に待たれるものが多くあることを最後に付け加えて、私の講義は終わりにしたいと思います。

（友添秀則）

●参考文献

・阿部生雄「辞書に見る〝スポーツ概念〟の日本的受容」中村敏雄編『外来スポーツの理解と普及』創文企画、pp. 9-72、1995年.
・Eichberg, H. Olympic Sport-Neocolonization and Athternatives. In international Review for Sociology of Sport. 19-1. 1984.
・N・エリアス／桑田禮彰訳「スポーツと暴力」栗原彬ほか『身体の政治技術』新評論、pp. 93-103、1986年.
・A. Guttman. From Ritual to Record: The Nature of Modern Sports. Columbia Univ. Press. 1978.
・岸野雄三「スポーツ科学とは何か」朝比奈一男ほか編『スポーツの科学的原理』大修館書店、1977年.
・マッキントッシュ、竹田清彦ほか訳『スポーツと社会』不昧堂出版、1970年.
・中村敏雄「異文化としてのスポーツ」明治大学人文科学研究所編『「身体・スポーツ」へのまなざし』風間書房、pp. 111-151、2000年.
・寒川恒夫編『教養としてのスポーツ人類学』大修館書店、2004年.
・友添秀則『体育の人間形成論』大修館書店、2009年.
・友添秀則『スポーツのいまを考える』創文企画、2008年.

第6章 スポーツとメディア

メディアと言うと、皆さんは何をイメージしますか。まずはテレビでしょうか。最近は、「テレビは観てない。ネットだけで十分」と言う人もいるのではないでしょうか。

語源として、mediumで「中間にあるもの」「間に入って媒介するもの」「媒体」のことであり、一般的にはマスコミュニケーションの媒体であるマスメディアを意味することが多いと思います。古くは、新聞・出版（雑誌・書籍）・放送・映画などを指していましたが、１９９０年代後半からは世界的にインターネット利用の普及のため、旧来のマスメディアの相対的位置付けが変わってきているのはご存知のとおりだと思います。

今日は、まず、スポーツ文化評論家の玉木正之さんと新聞一般紙・スポーツ紙においてスポーツジャーナリズムの場に長年身を置かれていた佐野慎輔さんに「スポーツとジャーナリズム」をテーマに話し合っていただきます。次に、佐野さんと青山学院大学陸上部を率いて駅伝という世界にとどまらず、日本の陸上界に様々な提案・提言を発信続けていらっしゃる原晋監督に「メディアとつきあう」、つまりスポーツのさらなる発展のために、スポーツ側はメディアとどのような関係性を築くのがよいのかについて現在《いま》の声を聞いてみたいと思います。２つの切り口を通じて、これからの時代のスポーツとメディア（ジャーナリズム）のあり方を検討するきっかけになれば嬉しい限りです。

1　スポーツとジャーナリズム

■メディアってなに？　ジャーナリズムってなに？

【佐野】　スポーツとメディア、あるいはスポーツジャーナリズムとは歴史的にも深い関係があります。今日は、スポーツ文化評論家の玉木正之さんにスポーツメディア、スポーツジャーナリズムについてうかがっていこうと思います。玉木さんと私はお互い若い頃からのつきあいでして、いろいろ情報交換をしたり、議論をしたりしてきました。いつも話はあらぬ方向に飛んでしまいますので、今日も特別な打ち合わせはしておりません。話の流れのまま、進行していくつもりですが、大半は玉木さんに話していただき、私は横からちゃちゃをいれていきます。

私は長くスポーツ記者をしてきました。その間、様々なジレンマを経験しました。書くべきか、書かざるべきか。知ったことを全て書くのがジャーナリズムなのかと悩んだり悔やんだりしたことがあります。例えば、前回２０１６年夏季オリンピックの招致の時の話です。事務総長だった河野一郎先生を追っかけているうち、いろいろな話も出てきます。それをストレートに書いてよいのか、もちろん事件性のあること、倫理的な問題などは別ですが、オリンピックが東京に来てほしいと思えば思うほど、余計なことは書いてはいけないのではないかとなりました。

それはジャーナリズムとしてはいかがなものかという思いは当然あります。一方で個人の思いもあります。ですから、深く入り込まなければニュースは取れませんが、深く入れば逆に書けなくなる。あまり入り込まないほうがよいのではないか、この世界の悩みのひとつかなと思っています。

いま、どちらかといえば、ジャーナリズムというよりもメディアという言葉が出回っている気がします。私が大学で行っている講義も「メディア論」でして、「ジャーナリズム論」ではありません。では、この違い、特にメディアってなんだろうと考えた時、何を考えますか？　報道ですか？　媒体ですか？

メディアというのは、簡単に言うとミディアムの複数形ですね。ステーキの焼き方、ウエルダン、ミディアム、レアのミディアム。真ん中です。中間、媒体、媒介、巫女さんという意味もある。こうしたものをメディアと言います。つまり、何かと何かの間になる、繋げるものですね。違う言い方をすれば、単なるツールなんです。報道、論評をのせるためのツール、それがメディアなんです。じゃあジャーナリズムはなんだって言うと、メディアとイコールではありません。

スポーツだけではなく、報道する、批判する、批評する、論評を加える。それから、あまり啓蒙という言葉は好きではないので、啓発、社会を啓発する、これが一応、ジャーナリズムの三大要素と思っております。

スポーツの場合、ここにもうひとつ、娯楽という要素が入ってきます。スポーツジャーナリズムというのは、ある部分、楽しさ、うれしさ、喜びを伝えていかないと、やはりスポーツの本質を捉えて伝えることにはならないのではないかと思うのです。例えば、サッカーの２０１８年ロシアワールドカップでの日本の初戦、コロンビア戦の爆発的な熱狂をどう伝えるのか。その前の監督交代劇での批判などもあり、どうなるのか注目されていました。批判、論評といったジャーナリズムらしい要素も含めて伝えていかなければならないわけです。

日本には明治時代、西欧からスポーツが入ってきまして、学校、あるいは軍隊を中心に育ってきた。明治の富国強兵策の中で、からだを鍛えるためにスポーツを、という入り方です。例えば海軍兵学校ではボートとか、陸軍士官学校では体操とかが教科となっています。それから、いろいろな近代的なスポーツは、お雇い外国人、外国人の教師達が広めました。自分が母国で行っていた日々の楽しみを、日本でもやりたい。だから学生達を誘って野球をしたり、テニスをしたり、ラグビーをしたり、という風な形で広まっていった。これが日本における近代スポーツの入り方なのです。スポーツの本質である「楽しみ」よりも、鍛えるという要素が培われていったわけです。そして、学校に入ったことで、ひとつの問題も起きました。スポーツにはお金がかかるのに、お金のことは言ってはいけないよという風潮です。アマチュアリズムという一種の差別的なイデオロギーが重視されるようになった歴史があります。

【玉木】　スポーツジャーナリズムの仕事。私の言葉で言い直させてもらいますと、メディアはハードウエア、そこにのせるソフトウエアがジャーナリズム。そういうふうに理解してもいいですね。

私はジャーナリズムを担っている人間です。フリーランサーです。大学時代からずっと、フリーランサーで、どこにも就職は一回もしていません。一応、ジャーナリズムをやってきたつもりですが、スポーツジャーナリストとは名乗ったことがないのです。なぜかというと、ジャーナリストというのは、あらゆるジャンルのことを取材して書くのがジャーナリストであって、スポーツジャーナリストは言葉の矛盾だと思うんですね。ならば、ジャーナリストでいいじゃないか。あえて、スポーツをつけると、スポーツアナリスト、スポーツを分析する人になるんじゃないか。あるいは、サッカージャーナリスト、相撲ジャーナリストと名乗っているのは、僕の友人にもいますが、そこまでセグメントする、つまり絞るのであれば、いいと思うんですね。スポーツジャーナリストという肩書をつけたら、スポーツという定義をどう捉えるのかが、非常に難しくなります。アジア大会ではいまでこそ正式競技から外れましたが、囲碁が正式競技でした。２０２０年の東京オリンピックでは正式競技として5つの競技が選ばれましたが、立候補した中には、ダーツやチェスがありました。２０２４年のパリオリンピックではeスポーツがどうも正式競技になりそうだというニュースもありました（その後、否定されました）。スポーツという定義をどう捉えるかで、スポーツジャーナリストはなにをする仕事かということが、わからなくなってくるわけですね。

スポーツの語源と言われるラテン語はデポルターレという言葉であり、日常の労働を離れた時空間を意味していました。この定義に従うと、囲碁もスポーツなら、ダーツもスポーツだし、eスポーツももちろんスポーツ、音楽もスポーツかもしれない。絵画もスポーツかもしれない。ということで、スポーツジャーナリストという言葉は今までまったく使ったことがなくて、ほかの人と区別して自分の色を出したいということで、日本で初めて「スポーツライター」を名乗っていました。

ちょっとした自負を持っています。これは25歳のときにスポーツイラストレイテッドという雑誌を読んだときに発見した肩書でした。ですが、それから10年間、35歳まで使わせてもらえませんでした。なぜかと言うと、そんな言葉はないと言うのです。講談社にも、朝日新聞にも、ＮＨＫにも同じようなことを言われました。

スポーツライターという言葉が広く普及してきたのは、増田明美さんや青島健太さんがスポーツライターという肩書きを使ってくださったおかげなんです。やっぱり、スポーツやって何か実績を残さないとスポーツライターはダメなのか……なんて思ったこともありました。

スポーツライターが増えてくると、私はあまのじゃくですから、60歳になると、還暦になって、そろそろもう大人で評論ができるようになったかな、ということでスポーツ評論家を名乗るようになりました。そして三年後にスポーツ文化評論家。この肩書、ものすごく気に入っているんです。なぜかと言うと、まずスポーツ文化というのがよくわからない。スポーツ文化なのか、スポーツと文化なのか、そもそも文化ってなにかわからない。文化というのは翻訳語です。カルチャーですね。カルチャーが日本語になかったから、文化という言葉を使ったわけですね。カルチャーってみんなで実らせたもの。ですから、土の中から実らせたものということで、土を意味するのがアグリですね。アグリカルチャーが農業になるのです。

なでしこジャパンの宮間あやさんが「サッカー文化を定着させたい」と言ったことは皆さんの記憶にあるでしょう。彼女は、サッカーをみんなで実らせたものとして、日本に定着させたいという意味で言ったのですが、はたしてどこまで通じたでしょうか。

ロスポーツを文化として捉える面白さ

【玉木】　カルチャーとしての翻訳が文化であるとして、いまはスポーツ文化評論家と私は名乗っています。そういうふうに固執するようになったのは、スポーツを本気で勉強しはじめた35歳過ぎからなんですね。

小学館の『GORO』という雑誌で、長嶋巨人はダメだろうとか、阪神は優勝できないだろうとか、西武ライオンズができたとか、具志堅は素晴らしという記事を書いていた時に、中村敏雄という人が書かれた『オフサイドはなぜ反則か』という本と出会ったのです。書店で平積みにしてあった本のタイトルを見たときに、がく然としました。オフサイドが反則であることは知っていますが、オフサイドはなぜ反則かと聞かれて、私は答えられなかった。本書の読者の中で答えられる方は多いと思うのですが、それをきっかけに中村先生の本を片っ端から読むと、さらにびっくりしたのが、4000年前のメソポタミアでは、とか書いてあるのです。4000年前のメソポタミアでは、丸いものの奪い合いをしていたわけですね。何故かというと、丸いものは地上にはない。空の上にしかないんですね。要するに、太陽の奪い合いですね。太陽の奪い合いをやっていたのが、フットボールの起源であると。そういう話から始まるんですね。これがメソポタミアから西の方へいって、ローマ帝国にいってカルチョになって、中世フランスのラ・シュールになって。イングランドにわたって、ストリートフットボールとか、モブフットボールとか、になる。メソポタミアから東にいくと、中国のキュウモン（毬門）という太陽を地面の上を転がして、太陽の恵みを地面に与えようという遊びになり、それが飛鳥時代の日本に伝わって、くゆるまり（打毬）という競技になって、それを中大兄皇子がやっていて、彼が毬を蹴ったときに飛んだ靴を中臣鎌足が拾って、それが蘇我入鹿の暗殺に繋がるということが『日本書紀』にも書いてあるんです。

ラ・シュールの時代から始まって、イギリスに渡ったフットボールで、コソコソと隠れるようにして敵の中に入っていくのをスニークと呼ばれていました。スニークはコソ泥という意味で、コソ泥のスニークが履いている靴がスニーカーだと、中村先生の本には、そんなことまで書いてあって、スポーツというものはなんとオモシロいものだと感じました。そのフットボールがアメリカに渡って、南北戦争が終わって、ナショナリズムが強くなると、ヨーロッパのフットボールをやるのは嫌だとなり、アメリカンフットボールが生まれたんですね。マサチューセッツではバスケットボールも生まれました。オフサイドはスニークだから、絶対にできないと言い、ボールより前でプレーできないと、ジェイムス・ネイスミスという人が、バスケットボールをつくりかけて、1年目でうまくいかなくなるんですね。そこで、オフサイドをやっていいことにしようと、その代わり、ボールを持っている人は3歩以上歩いてはいけないことにしようと決めた。それでバスケットボールが生まれる。それは、フットボールを室内で、足を手に変えた遊びだと中村先生に教わったのです。

オフサイドはなぜ反則か、というたったひとつの疑問から、そこまで広がった本に初めて出会いましてこれはスポーツはただものじゃないぞと考え出しました。面白い、知らないことだらけなのです。

皆さん、サウスポーってどういう意味か知ってますか。「♪私ピンクのサウスポー」って歌っている人も意味がわからず歌っているのではないでしょうか。左ピッチャーのことですね。しかしサウスポーとは、南の手のひらのことなんです。野球場って昔、ナイター設備のない時代ですから、方角が決まっていたんですね。太陽の西日が右バッターの目に入らないように、いまでも新書程の厚さのある野球のルールブックの第3条に書いてあります。ホームプレートから二塁の方向は東北東を理想とするとあります。左ピッチャーは南から手が出るからサウスポーになる。こういうのがわかってくると、スポーツというものがめちゃくちゃ面白くなってくるのです。

それでは、テニスはどういう意味だと思いますか。あれは、いまのチュニジアのチュニスの地方で流行った手の平で打つスポーツだったから、チュニスがなまって、テニスになったという説があります。フランスでチュニールという英語のhaveにあたる言葉の命令形のテネがテニスになったという説もあります。フィフティーン、サーティーンの次、なんでフォーティーなのか。陸上競技場はなんで左回りなんだって。男性のモノが左のほうが球が大きいから左回り……なんて、本当は全然違うんですけどね。スポーツは疑問だらけなんです。競技としてのスポーツにいろいろな疑問がある。そのことに、なぜ、いままで気が付かなかったのかと。そのとき、これまでスポーツの勉強を一度もしたことがなかったということに気づいたのです。学校でやっていたのは体育。サッカーってどういう意味ですかって、体育の先生に質問すれば、つべこべ言わずに、グラウンド3周走ってこいって、言われますよ。でもサッカーという意味は、日本テレビで澤穂希さんが、へえ、初めて知ったと言っておられましたけど、フットボールはフットとボールで足のボールってわかりますね。サッカーは、アソシエーションの略なんですね。

昔、ボールは豚とか牛の膀胱を使っていました。血でべとべとなんですね。それで、手も足も使おうとするなかから、サッカーとホッケーとラグビーが生まれました。そのなかで、足だけ使おうという人がフットボール・アソシエーションをつくった。そこでやっていたフットボールが、アソシエーション・フットボールになって、アソック・フットボールになり、アソッカーになって、サッカーになったのです。

【佐野】その後、我が国に輸入され、早稲田大学ではア式蹴球部、慶応大学ではソッカー部、東京大学ではア式蹴球部という名称で運動部が残っています。実は、サッカーというのはアメリカ用語です。発祥の英国ではフットボールで、日本にはフートボールという名前で英国経由という形で入ってきます。少なくとも部の名前から伝統校はそうした影響を受けていることがわかるわけです。

記者達はこういったことを、意外と知らないのです。例えば、サッカーを例にすると、ＦＩＦＡのホームページを見ると、サッカーの起源は中国になっています。これ、まさに蹴鞠なんです。本当は玉木さんの言うようにメソポタミアで始まり、ヨーロッパで進化していったのではないのか。これでいいのか。なぜ、ＦＩＦＡはそう決めたのかと、メディア、特にジャーナリズムに関わる人は疑問を持たなければならない。なぜ中国なのかと。

皆さんはどう考えますか？

実は、チャイナマネーなんです。ＦＩＦＡは中国の影響力に目がくらんで、中国の主張を受け入れたと言われています。ＦＩＦＡは国際政治に敏感な組織なのです。ジャーナリズムは背景に何が起こっているのかについてもっと勉強しなければならないと思います。

【玉木】バレーボールのバレーという意味を知らない人も多いですからね。皆さん、知っていますか？　バレーボールのバレーはボレーシュートのボレーと同じ。テニスのボレーとも一緒。地面にボールが着く前に打つからボレーシュート。地面に落とさないで撃ち合っているからバレーボールなのです。

こうして様々なスポーツの言葉に対する疑問を突き詰めると、スポーツということが残る。スポーツという言葉はどういう意味なんだろう？　スポーツは輸入文化ですから。明治時代に日本に輸入された翻訳の最初の言葉が釣りです。たぶん、アメリカ人かイギリス人が釣りしていたんですね。そこへ好奇心旺盛な日本人が、英語でWhat are you doing?と聞いたのでしょう。そうしたらスポーツと言ったんでしょうね。釣りの次が乗馬。これも同じ、馬に乗ってきた外国人が出てきて、What are you doing?　I am playing a sport.そしたら、釣りもスポーツ、乗馬もスポーツ、だとするとスポーツってなんだ？　という疑問から出てきた言葉が、遊戯。遊び戯れるですね。

明治20年にお抱え外国人、東京帝国大学のフレデリック・ウィリアム・ストレンジという先生がアウトドアゲームズOut Door Gamesという本を出しました。その本で、いろいろなスポーツを紹介した。その訳本が『戸外遊戯法』として出版された。そこで紹介されたスポーツも遊戯であるとされたのですね。

しかし庶民よりも先に軍隊がスポーツを取り入れていた。なぜ取り入れたかというと、日本人は江戸時代まで、そもそも走ったりしなかったんですね。走らなかった。武士が走るときは刀を押さえて走る。手は振らないわけです。飛脚が走るときは佐川急便のマーク。手紙を入れた箱を肩に担いで走るわけです。

【佐野】昔は、ナンバ走りですね。右手と右足、左と左足が一緒に出るわけです。その筋の人達の歩き方。それがナンバなんです。あるいは、歌舞伎、能。その所作では右手と右足が一緒に動きます。日本舞踊でもわかるでしょう。それが古来の歩き方なのですが、明治時代に入って行進が入ってきたのです。曲に合わせて行進する。それで初めていまのような歩き方を会得しました。

【玉木】右手と右足が出るのは農業から来ていますね。鍬や鋤を使うときは必ずそうなる。なぜナンバと言うかというと、滑車ですね。右手と右足、または左手と左足を同時に前に出して引っ張る。滑車が南蛮渡来だったから、その形が南蛮と言われ、ナンバとなまった。それを力強い動きとして歌舞伎役者が取り入れた。そのうえ、その動きを少し変えた。それを傾く（かぶく）と言って、歌舞伎役者はかぶいた。そんなことが、ぜんぶスポーツを考えることからわーと出てくるわけです。

35歳を過ぎてスポーツの奥行に初めて触れて日本体育大学の世田谷の図書館にひと月通いまして、

いろいろな本を読みました。本棚の本と向き合って、朝から夕方まで、一カ月間、仕事をしなかった。毛沢東やヒットラーの本などもあって、独裁者は肉体を支配するところから始まるんだなって。ものすごくよくわかった。頭よりも身体を使わせるんですね。

日本の教育では、スポーツは体育と言われてますが、スポーツには、本来、知育もあれば、徳育もあれば、もちろん体育もある。総合的な学習から体育だけ取り上げていくのは独裁者の手法に似ていますね。あるいは軍国主義教育。

これがいまでは大きく変わってきました。それが、スポーツインテリジェンスということです。SIです。スポーツにおける全ての能力が求められている。自分で計画を立てて、目標をつくって、練習計画をつくって、そして試合をして、戦術、戦略を立てて、自分の技術を、アップする。そして、試合に勝っても負けても、原因を考え、フィードバックする。それができる能力をスポーツインテリジェンスと言うのです。そのことを、昔、ラグビーの平尾誠二さんらと話をしたことがあります。これが一番重要だと。

『オフサイドはなぜ反則か』の本をきっかけに、あらゆることを考えないといけないということに気づいて。勉強したときのスポーツの広大な世界。その面白さ、その歴史、地域のグローバルなひろがり……などは本当にうれしかった。それこそ60年安保のときに、デモ隊に首相官邸を囲まれた岸信介首相は、「健全な国民は後楽園球場へ巨人阪神戦を見ている」と言った。そのとき、健全な国民としてのスポーツのあり方はだれもわかっていなかった。いまやっと、スポーツの意味が理解され、スポーツがスポーツとして歩み始めようとしているわけです。

ロマスメディアとスポーツの関係に目を向ける

【玉木】　そのときにスポーツジャーナリズム。はじめてスポーツを取り上げて、スポーツをきちんと報道できる世になるのがいかに重要なことか、と思っているわけです。そんななかで気になっているのは、マスメディアがスポーツを支配し始めたことです。

【佐野】　マスメディアがスポーツを支配したのか、マスメディアがスポーツの発展に貢献したのか。私はマスメディアとスポーツは不即不離の関係にあると考えています。たぶん、玉木さんも支配だけとは思っていないと思いますが、見解の相違がありますね。

【玉木】　マスメディアがスポーツの発展に貢献してきたのは事実です。朝日新聞が夏の甲子園やっています。毎日新聞が春の甲子園、都市対抗野球をやっています。やることがなくなった読売新聞がプロ野球に手を出したわけですね。高校ラグビーにしても、高校サッカーにしても、常にマスメディアが主催者として、チームを持つ立場として発展させてきたのは事実です。

マスメディアの３つの要素として、報道、批評、啓蒙、あるいは啓発があります。啓蒙は暗きを拓くですね。知らないことを知らせるという意味です。メディアというハードウエアの会社には多くの情報が集まるわけです。野球という日本にはないスポーツが日本に入ってきて、みんなに知らせよう。正岡子規のようにこれこれと書くのもいいけど、見せたほうがいい、となり、主催してやるようになったのです。だから、メディアはスポーツの発展に貢献したと言えるでしょう。

また、当時のオリンピック選手は、ほとんど最初のうちはメディア（新聞社）の社員でした。人見絹枝さんは毎日新聞。織田幹雄さんは朝日新聞。メダリストはほとんどメディアから出ていたのです。それは大会レポートの執筆をメダリストに頼んだわけですね。そこには、スポーツの発展途上の社会として仕方ないことでもあったのだろうと思います。いまは、メディアが主催することによって、読売ジャイアンツは、読売新聞が支配しています。所有しています。

だからこそメディアは、野球のことを考えるんじゃなくて、新聞を売ることだけを考えているのです。これが読売だけじゃなく、朝日新聞の高校野球もそうでしょう。選手は肩とか肘とか壊しています。「炎天下で外出しないでおきましょう」という注意喚起のテロップが流れる時にやっているわけです。１００回を超える歴史をもった今こそ、高校生のためには、いったん中止して、どういう高校野球にすればよいのか、考え直すべきじゃないでしょうか。

【佐野】 まあ、甲子園大会の場合、放送権料がべらぼうに安いですね。放送権料を気にすることなく大会を開けるというのは、主催にとって大きな利益が保証されているわけですから。

野球の場合、なぜ大阪朝日新聞が１９１５年、大正4年に全国中等学校優勝野球大会を始めたかというと、これはもう簡単にいうと野球人気にあやかった新聞拡張なのです。その前に１９１１年、東京朝日新聞が新渡戸稲造や乃木希典とか著名人を登場させて、野球のネガティブキャンペーンを張りました。「野球は青少年に害を及ぼしている。巾着斬りみたいな、盗人遊戯みたいなものだ。

次のベースを盗もう、盗もうとしている」と批判するんです。『野球と其害毒』という日本初の社会派キャンペーンですよ。その頃の野球の人気がいき過ぎて選手が増長したりして逆に害が出ていると批判したんです。本当は朝日の記者と早稲田大学の野球部との関係で、遺恨みたいなものが起きて、それを一記者が拡大したものだったのです。が、いつしか教育論争にしちゃった。そしてあの早稲田大学の野球部を中心とした天狗倶楽部が東京日日新聞や読売新聞などで論陣を張り、新聞戦争になっていった。結局、朝日が不買運動に負けて1カ月ほどで収束するんだけど、舌の根も乾かないうちに、大阪朝日新聞が中等学校野球選大会を開催するわけです。ひとつ、野球人気に乗っかって部数拡大をねらったもので、もうひとつは教育的価値を言い始めた。野球の選手達の行儀が悪いのだったら、ちゃんとしましょう。坊主刈り、軍隊式のやり方、全体責任を押し付けた。その中等学校野球が大人気になった。そこで今度は大阪毎日新聞が、じゃあ俺達も１９２４年に選抜野球大会をやった。乗り遅れた読売が俺達は大リーグだと言って、アメリカには職業野球があって、日本にはないから職業野球だねと言って始めた。実は職業野球はその前にもあった。始めたのは小林一三、宝塚野球協会ですよ。さらにその前には日本運動協会、通称、芝浦協会。押川清や河野安通志ら早稲田の野球部を中心とした連中がプロの協会をつくるわけです。これは何をしたか、自分達で塾みたいなものを開いた。嘉納治五郎が嘉納塾を開いたように。でも、プロなんですよ。自前のグラウンドを貸してお金をもらう。それで野球をやる。自給自足みたいなものですが、いま、その歴史は知られていない。あくまでもプロ野球は読売新聞が始めて、読売ジャイアンツが始まりになっている。これがひとつの問題点でもあるわけです。

【玉木】 ドイツの哲学者のフッサールという人が「伝統とは、起源を忘却することである」と言っていますよね。だから、ジャイアンツの伝統というのは、まさに起源の忘却ですね。プロ野球は巨人が最初ではない。早稲田ラグビーの伝統というのはそれよりも先にラグビーを始めた慶応、同志社を忘れさせる。近年はスポーツ界の組織の不備が目につくようになりました。けれど、そのあたりを批判する原稿を書くと、立ち入り禁止になるんです。私も何度か取材拒否された経験がありまず。巨人には3度、立ち入り禁止になりましたけど。監督が変わると許される。そんなことを、立ち入り禁止になったからといって、巨人の原稿を書けなくなるわけじゃない。話だって、どこかか漏れ伝えてくるし、情報をとるためには苦労しなかった。さて、ここまできたメディアとジャーナリズムとスポーツの関係、そろそろ表沙汰にして、きちんとスポーツはスポーツとして自立してもいいいんじゃないかと考えています。

ツールドフランス、夏に開催される自転車のフランス一周のイベントがあります。これを始めたのは、ロート、L'Auto、自動車、自転車の新聞です。これはのちにレキップになります。ロートが8月に催しが何もないからやろうよと始めたのが、ツールドフランスなんです。ところが自分達が主催者にならなかった。フランス自転車協会の主催に任せて、自分達は批判する側に回ったんです。それがジャーナリズムじゃないか。メディアはそういう立場だったのです。

アメリカのメジャーリーグでオールスター戦というのがあります。これを一番最初に決めたのは、シカゴ・トリビューン紙の読者の投稿でした。「どうして、ナショナルリーグと、アメリカンリーグの試合がないのですか？　それを見てみたい……」という投稿があって、シカゴ・トリビューンがメジャーリーグに働きかけて、だったら、オールスター戦を始めましょうとなりました。この場合も、シカゴ・トリビューンは主催者にはならなかったのです。

ところが日本のプロ野球でオールスター戦が始まるのは最初、東西対抗戦として行われたのですが、それはプロ野球の生まれた昭和11年の翌年だったと思います。これを提唱したのは朝日新聞でした。職業野球にもちょっと手をつけておこうと、朝日が自分で主催するんです。主催者になるのと、ジャーナリズムでいるのは大違いです。ジャーナリズムは一種のアウトサイダーですから、インサイダーになると何かとできないことが出てきます。読売新聞、巨人批判はできませんよね。巨人がどんなに悪いことをしても批判できない。高校野球では、朝日新聞は表面上は高校生を守っているような顔をしていますが、こきつかってますよね。そういうことになるんです。

この時、ジャーナリズムはアウトサイダーであるとしたほうが、日本のスポーツ界の発展に繋がると思うのですが、どうでしょうか、佐野さん。

【佐野】　そう単純ではないと私は考えています。なぜメディアが絡むかというと、ひとつはブランド、ブランド価値を高めるからです。これはスポーツとの相乗効果なんです。そしてＣＳＲ。やっぱり社会貢献なんです。自分達が、例えば、問題点はいろいろありますが、リトルリーグを後援していたり、あるいは小さな市民マラソンを後援したり、いろいろあります。つまり、メディアは発展性があるものに対して貢献していく。

それから、もちろん、スポーツという文化の啓発、普及があります。さらに、歴史的な事業でもあるわけです。もう止めるに止められない。朝日、読売、毎日にしろ、そんな意識を持っている。毎日は経営が大変なときはしんどかったと思いますよ、選抜野球をずっと続けるということは。でもやりつづける。歯を食いしばって。もちろん、読売が、毎日が選抜大会を放棄したらいつでもとってかわる用意があるという噂話もささやかれていました。自負と言ってもいいかもしれない。産経新聞は財政的に豊かな会社ではありませんが、春高バレーをはじめ、いろいろ事業を続けています。これは玉木さんの批判の対象になるであろう営業的な価値、それから販売効果、これは当然だろうと思いますが、それだけではないのです。もちろんプロバガンダもあって、メディアはずっと、イベントに絡んでいる。絡んできているし、絡んでいくだろうと思います。

いまプロ野球で、新しいメディアであるIT企業がオーナーになっている球団が3社あります。新しい企業がやはり、野球に目を付ける。それだけの価値を野球というスポーツに見出しているからですね。遅れてきた企業にとって、新聞やテレビで日々報道されることはプラスになるんです。名前を売るという意味で。DeNAが、楽天、ソフトバンクから遅れてきたけれど、横浜ベイスターズのイメージと一緒になっていいイメージになっている。メディアの参入というのは、新しくなってもあるのではないかと思います。

【玉木】　私はそうは思っていません。ほんと時代の流れ。明治時代から主催者としてのメディアが果たしてきた役割は確かにあると思うんですけども、例えば、プロ野球のダゾーンの中継に、最初巨人だけは入らなかったんですね。あれは、読売がメディアを持っているから入らなかった。それから、12球団、一緒になって野球のビジネスをしようと思っても、足並みが揃わないわけですね。足並みを揃えて活動すれば、プロ野球はもっと野球として発展できます。そして、読売と朝日がけんかして、高校野球とプロ野球に分かれ、さらに毎日新聞の社会人野球に分かれるのではなくて、ひとつの組織として、日本の野球界を発展させるためには、新聞社が手をひいたほうが、日本の野球界のために良いんではないかと思うのです。これは、ほかのスポーツ界にも言えると思うのですが、佐野さん、いかがでしょうか。

【佐野】　まあ、何度も言っていますように、やむにやまれぬ事情があるというわけですね。

【玉木】　箱根駅伝もそうですよね。読売新聞が後援して。

【佐野】　もともと、報知新聞です。

【玉木】　読売が、大手町に優勝校の石碑みたいなものが立っていますけど、箱根駅伝は日本テレビから2億4千万円ぐらいの放映権料がいっているはずで、一校につき、200万円ずつの選手協力金が配られています。4千万円の使い道はわかるけど、2億円の使い道がわからないわけですよね。これ、青山学院大学の原晋先生もかなり怒っておられますけど、日本版NCAAができれば、それが表になるのか、ならないのか。わからないですけど、それを追求するのはジャーナリズムの仕事なのです。でも読売新聞はそれができない。それでは朝日のジャーナリズムがやるかというと、自分のところに飛び火がくるかもしれないことはやらないんです。それで、私のようなフリーライターがこちょこちょと原稿を書いて、お金を稼ぐことができるわけですけどね（苦笑）。

■個人がメディアになる時代を迎えて

【佐野】批判がジャーナリズムの根幹という観点からすれば、マスメディアが球団、チームを持ちスポーツ大会を支援することで制約を受けることはあると思います。それは深く入り込みすぎて書けない話を抱えたということと同じかもしれません。ただ、スポーツとマスメディアとの歴史的な関係はもっと重く見るべきではないかとも思っているんです。

スポーツジャーナリズムという話から違う方向に話はいきましたが、ジャーナリズムとスポーツ、マスディアとスポーツはもっと根深く絡んでいますし、これからももっと接点が出てくるんだろうと思います。

【玉木】最後に一言。私にとってアメリカは別に好きな国じゃないですが、正義感があります。メディアがメジャーのチームを持ってはいけないという不文律もあるんですね。イギリスではプレミアリーグをBスカイBのオーナーが買おうとしたら、国会で拒否されました。要するに、スポーツは公共財であるから、私的なメディアひとつが所有することはいけないということになっているのです。

一方、アメリカに目を移すと、アトランタはCNNのテッドターナーが持っていますけれども、

ＣＮＮがアトランタ・ブレーブスをアメリカズ・チームと呼び始めた時に、あらゆる批判が沸き起こって、テッドターナーは、ＣＮＮにそれを取り下げさせました。日本のスポーツ界を、発展させるためには、なんとか、スポーツ界をメディアの手から独立させたいと思っています。

【佐野】法律的にメディアがスポーツを独占してはいけない。縛りが入ってくることになるかもしれませんが、いまはメディアがエンターテインメントに買われる時代でもあります。アメリカではディズニー社がスポーツ専門チャンネルのＥＳＰＮを買収するなど、逆にスポーツメディアを支配するようになっています。今後、新たな流れが日本でも起きる可能性は高いと思います。個人がメディアになる時代でもありますし、読者の皆さんも、いろいろと意見発信していただければ、新たなスポーツとメディアの関係性が生まれてくるだろうと思います。

（玉木正之×佐野慎輔）

2 メディアとつきあう

この章の前節では、スポーツ文化評論家の玉木正之さんとの対談を通して「スポーツメディア」とは何かを考えてみました。スポーツ関連の組織は既に多くのスポーツメディアと接点を持っています。長い歴史を誇る組織も決して少なくはない。そうした組織には既に、取材される側としてのメディアへの対応が「Ｋｎｏｗ Ｈｏｗ」として蓄積されており、概ね、そうした流れに従ってメディアと接しているのではないでしょうか。

一方で、玉木さんや私もその一人ですが、長く取材現場にいると、取材される側の対応に疑問を感じることも少なくありません。とりわけ広報の対応には首をかしげることも多いように思います。紋切型であったり、組織を守る防衛型であったり、あるいは懐柔型であったり…もう少し、上手にメディアと接したほうがいいのになあと思う場面に出くわすことも多々ありました。

取材する側からすれば、広報とは第一の関門であり、まずそこを通過しなければ取材の目的にたどり着かない。特に最近ではそうした傾向が強くなっています。そして取材の目的にたどり着いても、紋切型あり、防衛型ありというわけで、もう少し柔軟であってほしいと首をかしげることになるのです。

もちろん、取材される側からすればメディアの取材のあり方が、土足で部屋に上がるように感じられることも少なくないのでしょう。もっと行儀よく接してほしいと思ったり、ある側面だけを切り取らずに取材される側の意図をよく理解した記事、ニュースに仕立ててほしいと考えたりする人も少なくないはずだと思います。

ここでは、どうしたら取材する側と取材される側が上手につきあっていけるか、あるいはもっと踏み込んで、取材される側がメディアをどう活用するかということを取り上げたいと思います。

取材される側の代表として、青山学院大学地球社会共生学部教授で同大学陸上競技部長距離ブロック監督の原晋さんとの話を中心に考えていきます。原さんはいうまでもなく「東京箱根間往復大学駅伝競走（通称：箱根駅伝）」で青山学院大学を4連覇に導いた名指導者です。メディア露出も多く、取材される側として人々の関心を集める発言で駅伝の魅力を発信し続けています。取材する側と上手につきあっている原さんは「取材」をどう捉え、どのように考えているのでしょうか。皆さんにとっても大きな示唆を受けることになるだろうと思います。

■取材する側の意識、される側の意識

取材する側は常に、取材対象の言葉の端々に注意を凝らしています。その言葉がどんな意味を持つのか、何を意味しているのか、それこそ難問にヒントをもらうような感覚で言葉を待ち構えているのです。

逆に言えば、取材される側は不用意な発言で言葉尻を捉えられないように留意しなければなりま

せん。一度発せられた言葉は、もはや元に戻らないのです。「綸言汗《りんげんあせ》の如《ごと》し」と言われるのは、そうしたことを指しています。

昨今、日本の政治家の言葉が軽くなっていると指摘されています。実際、そう感じる事例も少なくありません。一方で、それは本来意図した思いではなくて、言葉尻を捉えられて報道されたという声も聞きます。取材する側とされる側との微妙な行き違いと言えるでしょうか。こうしたことは政治に限らず、スポーツ取材の場面でも起こりうることです。

「スポーツ取材は政治取材に似ている」

あるキャスターはそう話しています。彼は政治もスポーツも、両方の取材経験を持つ人です。確かに政治でもスポーツでも象徴的な存在であるとか、物事を動かす力を持っている取材対象がいて、記者達は最低限、そうした存在の言動を追わなければなりません。マスコミ用語でいう「押さえる」わけです。

「メディアスクラム」という言葉があるのをご存知でしょうか。

「集団的過熱取材」とも言い、社会的な関心の高い事件や事故が起きた際に記者達が取材対象に殺到、当事者や家族、近親者、友人、近所の人達などに強引に取材することを指します。いきおい取材される人達の生活圏に土足で入り込むこととなり、軋轢が生じる場合も少なくありません。日本新聞協会では取材のガイドラインとして「メディアスクラム」を戒めるべきことと注意喚起していますが、さて実情はどうでしょうか。

２０１８年5月、日本大学アメリカンフットボール部の選手が関西学院大学の選手に大怪我を負わせた「反則タックル問題」では社会問題化し、長く新聞、テレビが大きく取り上げました。ここでは共通会見だけでは通り一遍の紋切型の情報しか得られないでしょう。そこで、より真相に近づくために各社、各記者は競うように取材し、メディアスクラムが起きかねない状況となったわけです。真相究明、より深い報道のために記者たちは情報を求めて熱心に取材を繰り返すことは当然です。ただ、これは取材する側の論理であって、取材される側は時間も手間もかかるから同じような質問にいちいち丁寧に答えてはいられないでしょう。だから会見以外は「だんまり」を決め込むことになりがちなのです。そうした状況の中で、他者とは違う言葉を取るために必要なことは何でしょうか？

それは、人間関係にあると言ってもいいでしょう。限られた取材対象から取材活動を通して、「彼は勉強しているな」と認められれば、他者とは少し違う話も聞かせてくれるかもしれません。「有象無象の記者のなかで、俺はお前にだけは本当のことを話す」と言われればしめたもの、いわゆる「ふところに飛び込んだ」状態になります。記者としての優越を味わう瞬間です。

前出のキャスターは「そこがスポーツ取材と政治取材が似ているところ」と指摘しているのです。両者とも人物を取材対象にすることが多いことから、「目を見て話し、信頼を勝ち取るように心がけるべきだ」と述べていました。

この話を逆に考えれば、もし取材される側がメディアを上手に使おうとするなら、大勢の記者に囲まれたときは間違いのない無難な話で済ませて、後は記者を見極めていくことが秘訣かもしれません。話に間違いがなければそれ以上、突っ込むことはできないから安定が担保され、腹を割って話せる相手にはより真相に近いところまで示して真意を伝えてもらうことができるのです。そこに取材する側、される側の信頼関係が生まれます。両者のあり様のひとつの形といってもいいのかもしれません。

原晋さんはいまや、コメンテーターとしてテレビ番組にも出演しています。取材される側にいる人が、あえてテレビという不特定多数の前で話すことに不安はないのでしょうか。

「初優勝した２０１５年からどんどんマスコミに露出していきました。関東学生陸上競技連盟の役員からはあまりいい顔をされませんでした。私にしてみれば、『えっ、そんなに悪いことですか、マスコミに出ることは』という思いでした。私がマスコミに出ることによって、駅伝のＰＲになる。普及のためにはマスコミをどんどん使ったほうがいいと思っていましたし、いまもそう思っています」

原さんはその後、青山学院大学を4連覇に導き、さすがに批判は減ったでしょうが、アマチュア、あるいは学生スポーツの指導層には「わき目もふらず練習に打ち込め」「メディアにあまり露出するべきではない」との意見がいまだに根強いように思います。原さんの行動は、そうした〝伝統的な圧力〟への挑戦、問いかけだったのです。原点は早稲田大学大学院で平田竹男教授のゼミで学んだことにあると言います。

「組織を発展させるには勝利、普及、資金という3要素の好循環が必要なんです。トリプルミッションと言いますが、なかで普及のためには、どんどんマスコミを使っていかなければならないということです。アマチュアスポーツで何十連勝しても、世の中でまったく受け入れられていない団体があります。普及活動、PR活動をしていないからです」

普及活動、PR活動は不特定多数に向けられています。普及が進まなければ資金も入ってきません。これが、原さんがテレビ出演を選んだ理由なのです。

■プロの意識を持つべし

原さんは、「不特定多数の方にはそれなりに、信頼のおける方には踏み込んで」とも話しています。原さんは箱根駅伝が近づくと毎年、信頼できる記者とふたり、来るべき試合に向けた「作戦」を検討します。試合前恒例の監督記者会見で「○○作戦」と公表するための〝検討会議〟です。「発表までに彼との相談内容が漏れることは一切なく、記者発表した瞬間、ボタンひとつで彼の会社が一番に発信するんですね。それだけ信頼関係をもっているわけです」

いわゆる番記者と呼ばれる人たちは時折、政治家だったり、企業の経営者だったり、野球の監督だったり、指導的な立場にいる人から相談を持ち掛けられることがあります。

こうしたことは新聞紙面やテレビの画面に現れることはありません。一緒に考えることは悪い意味に捉えれば「癒着」とも言えますが、信頼関係のなせる業で、本当に取材相手に食い込んでいないと相談されることはないでしょう。意見を求められ、自らの考えを話す一方、こうした場合、決して表には出さない。むしろ取材する側の知恵が取り込まれて、何かに反映されれば、それでいいということになります。原さんの「○○作戦」の相談相手の記者がまさにそうした存在なのです。まさに「プロだ」と思いませんか？

原さんは一方でこうも話します。

「○○作戦と名付けたのはほかの記者さんに見出しを提供しているわけです。彼らは、見出しとなる作戦名を出して、あと雑談すれば上手に記事にまとめてくれます。文章力、まとめる力のある人たちですから、こちらの意図を書いてくれるんです。注意点としてはポジティブであること、ネガティブ発言をしないで、明るいことが大事です」

原さんは「暗い中ではいい記事はつくれない。暗い記事をみても発展はない」と言い切りました。現状に満足せず、常に未来志向でいる指導者らしい言葉に、取材される側の心理がみてとれます。それがテレビ、新聞の向こうにいる不特定多数の人々に「原さんならやってくれるかもしれない」との期待感を呼び起こし、青山学院大学の選手たちのやる気を喚起することに繋がっていると言ってよいでしょう。

取材される側には大きな参考となるとともに、取材する側にも特定の記者となるか、不特定多数の報道陣で終わるかの示唆をもらったような気がします。

原さんの言葉からは「指導者としてのプロ意識の高さ」を感じないでしょうか。指導者はただ選手を指導するわけではないのです。組織にも目を配り、それがメディアを通してどのように扱われていくのか、そこまで目を行き届かせているのです。そうでなければ「勝利、普及、資金」というトリプルミッションは達成できない。強い集団はできないと言い換えてもいいでしょう。

実はこれ、取材する人間にも当てはまります。新聞記者あるいは放送記者、スポーツディレクター、アナウンサーといった職業を選んだ時点で「プロになる」わけではないのです。場数を踏んで、様々な経験をしながら「プロ」となっていくのです。取材される側も同様、時間をかけて「プロ意識」を高めていくのではないでしょうか。

■信頼関係の醸成に向けて

先に「信頼関係」の構築について触れました。ふつう、親子や友人など信頼する人たちとはどうでしょうか。あえて意識せずとも親子は親子であり、親戚は親戚です。幼なじみや学生時代の友人とはクラスや部活動などを通して関係を築いていきますが、しかし、それほど関係づくりを意識したでしょうか。

一方、仕事での関係は努力して信頼を勝ち得ていかなければなりません。取材する側とされる側の信頼関係も自然発生的にできあがるものではありません。お互いが相手と相手の立場を理解し、創り上げていくものだといっても過言ではないでしょう。

取材する側がありもしないことを書くことは論外ですし、同じことばかり聞いてこられると、取材される側に不信感が生まれるものです。やはり物事を理解するために学ぶことから始めなければならないのです。学び、理解した上で話を聞く。すると、それは多少耳が痛いことであっても、取材される側は受け入れてくれるでしょう。「よくぞ書いた」と褒めてもらうことさえあります。

取材される側に立てば、伝えたくないことも多々あるのではないでしょうか。しかし、勉強し理解している記者に書かれると、「仕方ないなと思う」とベテランの広報担当者から聞いたことがあります。お互い、そうした次元まで高めていくことが「プロ意識」なのかもしれません。

原さんは取材される側として「プロ意識」の高い人です。その根底にあるのは、「正しく伝えていくこと」です。

「監督として成果をあげたうえで、嘘のコメントをしない。グレーのコメントをせずに情報をきちんと出していく。そこに信頼関係が成り立っていくと思います」

正確な情報は信頼関係を確立するのに大事な要素です。最近の若い記者たちは正確を期すというか、一字一句間違わないように気を使っているというか、発言に関してきちんと録音しています。そして、発言と同時にパソコンの画面に向かい、記録していくのです。それは一面で結構だとも思いますが、「相手の目を見て話を聞け」と教育されてきた身には不思議な光景に映ります。原さんは苦言も呈してくれました。

「私がばぁーと話し出すと同時に画面に向かい、一字一句全部画面に映し出して書いている。芸がないなあと思ってしまうんです。私の表情から言葉の裏を探ろうとしない、どこに力を込めて話しているのか、言葉を選びながら神髄、本質を語っているときの表情は大事だと思います。本質をいかにズバッと書くのかが、プロだと思いますね」

取材される側のプロには、取材する側の意識が透けて見えるということでしょうか。いや、よく見ているのがプロであり、そうして取材する側を判断するということなのでしょう。そうして選ばれた記者の元に情報が集中することは致し方ないと思います。

先のキャスターも言っています。「最近、自分から発信する言葉を持っているスポーツ選手・関係者が増えている。原さんもそうだし、フェンシングの太田雄貴さん（日本フェンシング協会会長、２００８年北京、12年ロンドン両五輪メダリスト）もそうだが、メディアに自分のことを取り上げてもらい、自ら発信することが多い。プロデューサーと言っていいかな」

テレビ番組のコメンテーターでもある原さんはコメントする際に、「15秒ルール」という原則を自ら創っていると言います。15秒の中でキーワードをつくり、起承転結で発信していくのです。30秒なら15秒の2倍、45秒なら3倍になり、しかし、1分以上はあきられるので避けていると言います。講演でも「15分」を単位として話し、映像や受講生への問いかけで話を進めているそうです。「テレビは15分間でＣＭが入ります。人間は30分間、ずっと見ていることはできないんです。それが習慣化していますから。そこに合わせて話すわけです」

情報を発信したい側、つまり取材される側にとっても、原さんの手法はまさに示唆に富んでいるのでないでしょうか。

取材する側、される側にとって最も大切なことは信頼関係の創出だと述べてきました。信頼関係が構築されていれば、些細なことで動じることもなく、協力していけるのです。そうした関係を築くためには歳月も必要であり、関係醸成に向けて対峙する姿勢が求められます。

一方、メディアのなかには功を焦り、自ら描いたストーリーに合わせて取材する記者もいます。褒められた手段ではなく、禁じ手であるはずですが、同時に取材対象を困惑させることも少なくありません。

「一番だめな番組の作り手は、最初に構成を書いて、そこに言葉をはめていくタイプ。下手なドキュメンタリーのディレクターにたまに見ることがある」

先のキャスターはテレビ界の状況をよく知っています。「仮説を立てて無理やりそこにもっていこうとするような人は相手にしないほうがよい」と極論します。しかし、取材される側としては簡単に無下にはできません。そうした場合、相手の意向に沿いながら、こちら側の意向も付加価値として求めていけばいいでしょう。時間をかけてコミュニケーションを重ね、理解を深めていくことが有効だと考えます。

◘切り取られた発言

それでも取材する側とされる側で齟齬が生まれることが多々あります。それは発言をめぐる解釈であったり、部分的に切られた発言だったりすることが少なくありません。

－きょう、競泳の池江選手が自らが白血病であることと、しばらく休養することを発表しました。
大臣として、これについての受け止めをお願いします。
「正直なところ、びっくりしましたね。聞いて。本当に。病気のことなので、
早く治療に専念していただいて、**一日も早く元気な姿に戻ってもらいたいというのが、**
私の率直な気持ちですね」
－競泳の中ではですね…
「本当に、そう、金メダル候補ですからねえ。日本が本当に期待している選手ですからねえ。
本当にがっかりしております。
やはり、早く治療に専念していただいて、頑張っていただきたい。
また元気な姿を見たいですよ。そうですね」
－大臣はこれまで、池江選手の活躍をどのようにご覧になられてましたか
「いやあ、日本が誇るべきスポーツの選手だと思いますよね。
われわれがほんとに誇りとするものなので。
最近水泳が非常に盛り上がっているときでもありますし、**オリンピック担当大臣としては、**
オリンピックで水泳の部分をね、非常に期待している部分があるんですよね。**一人リードする選手がいると、みんなその人につられてね、全体が盛り上がりますからね。そういった盛り上がりがね、若干下火にならないかなと思って、ちょっと心配していますよね。**ですから、われわれも一生懸命頑張って、いろんな環境整備をやりますけど。とにかく治療に専念して、元気な姿を見せていただいて、また、スポーツ界の花形として、頑張っていただきたいというのが私の考えですね」
－最後に一言だけ。池江選手にエールを送るとしたらどんな言葉を
「とにかく治療を最優先にして、元気な姿を見たい。また、頑張っている姿をわれわれは期待してます、ということです」

図１　桜田発言とは何だったのか？

２０１９年2月21日、競泳の池江璃花子選手が白血病だと診断されたと発表したときに、大きな衝撃が日本中を走りました。世界に伍して戦ってきた日本を代表する選手であり、なにより19歳の若さです。治療に専念して、早く元気な姿を見せてほしいという思いは共通のものでした。

そんななかで、桜田義孝オリンピック・パラリンピック担当大臣の発言が物議をかもしました。「がっかりした」「盛り上がりが下火にならないか」という言葉に対し、批判が噴出。それまでも失言が目立った大臣の資質を問う声がマスコミに溢れかえりました。

こうした発言が出ること自体が、論外です。確かに、大臣、議員としては元より人としていかがなものかと疑問に思います。ただ、発言の全文（図1）を読んでみると、この人は随所で「早く治療に専念していただいて」「とにかく治療に専念して」と話しているのです。本音は「治療に専念して」にあったかと考えます。しかし、「がっかり」「盛り上がりが下火に」という言葉ばかりが独り歩きして

いった結果、真意が伝わらなかったのではないでしょうか。切り取られた発言の不幸なのです。報道のスペースを考えたとき、発言の一部を切り取ってしまうことはありがちです。しかし、それはまた、メディアにとっても悩みの種だと言ってもいいでしょう。

どこを切り取るかで、話は本当に変わってしまうのです。そして、切り取るときには主観が入ります。記事の扱いを大きくするか、小さくするかも含めて、主観はついてまわるものです。それが記者のものであったり、記事をみるデスクであったり、報道は、そこは避けて通れないのです。

報道は「公平、公正」が貫かれていなければなりません。フェアでなければいけないのです。

ひとりの記者が取材し、ひとりのデスクがその記事を読み、修正を加えて記事化します。どうしても主観は入りがちなのですが、極力主観を抑えるのが日本の報道姿勢です。しかし限られたスペースでの報道は、切り取りを許容していかなければならないのです。

あの桜田発言のときもそうでしたが、最近の傾向としては既存メディアというよりもネットメディアから火が付くことが多いように思います。切り取られた発言と批判がコピペされて拡散されていく。そうなると、もはやウネリとなって食い止めようがなくなってしまうのです。

あのときは、テレビ朝日の報道ステーションの姿勢が際立っていました。「桜田発言を全てお聞きください」とたっぷり時間をとり、編集せずに報道していました。それを見た視聴者の印象は確かに変わったように思います。発言は不注意ですが、悪意をもって話したわけではないと…。物事を検証するとき、こうした報道の姿勢は極めて重要です。時間を取り、紙面を割いて全発言を伝えることの大切さを改めて教えてくれたように思います。

しかし、何度も言いますが、こうした報道姿勢は常にあるわけではありません。やはり切り取ることが主であり、それもある程度、個人の思いに影響されながら報じられています。

「私自身は、いろいろな発言に対して切り取られたら、それはそれで致し方ないことだと思っています」と原さんは話します。

潔さは自身の言葉に対する自信から来るものなのでしょうか？

「悪く切り取られないように誠意をもって対処しなければならないと思っています。私は発言するときに、様々な指導や講演のときもそうなのですが、心理学の基本である『初頭効果と親近性効果』を常に意識しています。最初の発言は記憶されますが、最後の言葉のほうがより記憶されるということです」

原さんはこの心理学の基本編から、「最初に熱い言葉をポンと言って」、言葉を繋いでいき、「最後はハッピーな言葉で終える」よう実践していると言います。

「そのほうが、講演会場にしても、学生に対しても関係性がよりよくなります。最後に喧嘩別れしたら、もう会うこともなくなります。最後はハッピーな言葉を使うよう言葉の順番にも気を遣っています」

取材する側に物事を印象付けようと思うなら、最初と最後を使う。いかにも「プロ意識の高い人」の言葉です。

そういえば、最後に会った人の影響をすぐ受ける総理大臣がかつていました。その総理は決めたことを変えることでも有名でした。言葉を扱う政治家ですらそうなのですから、原さんの言う「心理学の基本」は有益なのだろうと思います。取材される側として心にとどめたいものです。

切り取られた発言から、発言の印象、最初と最後の大切さ論を展開してきましたが、端的に言えば「日頃のコミュニケーションが大事」というところに行きつくのかもしれません。お互いの立場を理解していけば、取材する側、される側によい関係が生まれます。それを活用して上手に接していけば、取材される側の課題ともいうべき、メディアの活用がより可能になっていくでしょう。

■スポーツがメディアを育て、メディアがスポーツを育てる

原晋さんは心理学を土台にこう語ってくれました。

「組織を創る上でのメカニズムですが、リスクテイクというものが組織に根付いているかどうか、それが大事だと思います。話をするのはいいことだ。話を通して理解し合うことは大事です。しかし、モノが申せない環境、モノを言ったら左遷されてしまう環境では組織で言葉が出てこない。そこでリスクテイクが長い伝統のなかで組織に定着しているか、そこが重要です」

これは言うまでもなく青山学院大学の長距離チームでの話です。原体制のスタート当初は人間関係ができておらず、衝突の連続だったと言います。しかし、時が経つにつれて理解が進んでいき、現在は学生主体で動くチームになっています。まさに、信頼関係の構築です。そこにあるのは戦略

であり、教育にほかなりません。

ちなみにリスクテイクとは、リスクを冒して、あるいはリスクを承知して何かを実施する挑戦的な意味を持ちます。リスク回避、リスクに備えて何かをなすリスクヘッジとは一線を画すものです。日本のスポーツ組織はどちらかといえばリスクヘッジを優先させ、リスクに挑戦する姿勢はあまりみせてきませんでした。それは「長い伝統」という言葉で説明されてきましたが、説得力はもちません。

むしろ、原さんがあえてリスクテイクの道を選ぶことによって長く低迷していた青山学院大学の駅伝チームを立て直したように、挑戦していく姿勢を示すべきではないでしょうか。

スポーツはコンテンツとして極めて優れています。人々への訴求力が高く、２０１９年ラグビーワールドカップに見られた通り、社会がスポーツの面白さに目覚め、スポーツの持つ価値に関心を高めていくことに大きな意味があります。関心の高さをスポーツ実施に繋げて健康長寿社会実現の一助としたり、スポーツ関連産業の振興に伴う社会の活性化に繋げたりしたいのです。

このワールドカップ開催を皮切りに、２０２０年東京オリンピック・パラリンピック（その後、延期決定）、さらに２０２１年関西ワールドマスターズゲームズ、「ゴールデンスポーツイヤーズ」と呼ばれる国際大会が続きます。スポーツ庁をはじめ、関連組織はこれを機に、スポーツのさらなる普及と、スポーツ人口の増加に繋げたいと考えています。

スポーツは政治、信条、性別、性指向、人種、民族の、文化などの違いを超えて、フェアなルールで戦うことが基本です。紛争や争いが続くなかでも理想を掲げて邁進することこそスポーツの力と言っていいでしょう。他方で、そうしたスポーツの力や価値、本質を理解しない人もいるのが現実で、2020年東京大会の開催にも批判的な世論はあります。

しかし2020年東京大会のレガシーとして、少しでもスポーツの力、本質を広めていきたいものです。東京オリンピック・パラリンピックが終了した後、スポーツへの関心の低下も指摘されていますが、スポーツに関わる者としては、これを機にスポーツの価値、面白さなどを発信していく必要があります。

その一助となるのは、取材する側、される側の理解であり、協力です。防衛型からの転換をはかり、積極的に前に出ていく広報活動、メディアとの協力が求められています。スポーツとメディア、スポーツ組織とメディアとの関係強化は不可欠です。

スポーツが組織を育て、人を育てる。スポーツがメディアを育て、メディアはまたスポーツとスポーツ組織、スポーツ選手を育てるとしばしば指摘されます。取材する側とされる側が上手に接していくことが求められる所以なのです。

（原晋・佐野慎輔）

第7章

スポーツ未来構想

スポーツ立国推進塾第一期生からの提言

2018年4月16日、我々第一期生のキックオフとなる「スポーツ立国推進塾」が開催されました。日本スポーツ協会（JSPO）、日本オリンピック委員会（JOC）、日本アンチ・ドーピング機構（JADA）、日本スポーツ振興センター（JSC）、スポーツ庁、ラグビーワールドカップ2019組織委員会、東京オリンピック・パラリンピック競技大会組織委員会、元オリンピアン、元パラリンピアン、衆議院議員秘書、都議会議員、区議会議員、弁護士、行政書士、民間企業。日本スポーツ界の現場で活躍する、様々なバックグラウンドを持った塾生34名が集いました。脇を固める超党派の国会議員の先生方やアドバイザーの先生方は、現在の日本スポーツ界を牽引されている豪華な講師陣です。このような貴重な場で、ニュースでは報道されないスポーツトピックの舞台裏とともに、これまで取り組まれてきたスポーツ政策を学んでまいりました。全4回のスポーツ立国推進塾第一期プログラムを通して、それまで触れる機会の少なかったスポーツ政策という観点から学び、塾生の知見が広がったことで、今後の日本スポーツ界に活かされていくものと思います。

さて、実のところ、スポーツ立国推進塾第一期プログラムがキックオフした当初、塾生からの提言の機会というものは予定されていませんでした。スポーツの現場で活躍する塾生にとって、スポーツ政策の観点から学び、他の塾生や諸先生方とご一緒する機会があっただけでも、今後の活動に有益であったことは疑う余地がありません。それでも、塾生たっての希望で、塾生からの提言の機会をいただきたいと諸先生方に直談判させていただき、スポーツ立国推進塾第一期生主催シンポジウムという形で、その機会を実現しました。その背景には3つの目的がありました。

　1つ目は、塾生同士のネットワークをより強固なものにするためです。スポーツ立国推進塾は、スポーツ政策の形成や組織マネジメントに必要な知識や技能などを体系的に学ぶとともに、必要となる幅広いネットワークづくりの機会を得ることを目的として始まりました。全4回のプログラムや懇親会、ＳＮＳグループでの交流を通して、その目的を一定程度達成できましたが、一つの目標に向かって塾生が連携して取り組むというプロセスを経ることによって、より強固なネットワークを構築することができると考えました。日本スポーツ界は競技ごとの縦割型の構造になっており、横串を刺すような横断的な繋がりは少ないように思います。立場やバックグラウンドが異なる塾生は、どのような意見や考え方を持っているのか、日本スポーツ界の未来をどのように描いているのか。そのような観点において「異質」な意見に触れることで、塾生各個の視野をさらに広げるとともに、相互理解を深めることができる、と考えたのです。

　2つ目は、新たな視点を提供するためです。これまで、日本のスポーツ政策は国会議員や行政担当者、有識者によって形成、推進されてきました。そのようなスポーツ政策を議論する場において、スポーツの現場で働く中堅層の人材が提案を行う機会はほとんどなく、経営・役員層の視点から見たトップダウン型の提案が多かったのだろうと思います。そこでスポーツの現場で働く塾生だからこそ持ち得る視点から、ボトムアップ型の提案を行うことによって、スポーツ政策に多大なる影響力を持つ諸先生方に、新たな視点を提供、今後のスポーツ政策の参考にしていただけるのではないかと考えました。これまでのスポーツ政策が、スポーツの現場にどのような影響を与えているのか、スポーツの現場で働く人々はどのような課題観を持っているのか。そのような気づきの機会として、このシンポジウムを機能させたいという思いを持っていたのです。

そして3つ目は、塾生がスポーツ立国推進塾で得た知識や技能、人材ネットワークをフルに利活用して、アクションを起こすきっかけにするためです。現在スポーツ界が抱える問題は、一朝一夕で解決できる問題ではありません。スポーツ立国推進塾第一期プログラムが修了した後も、スポーツ界に携わる者同士が協力して、継続的に問題解決に取り組んでいく必要があります。そのため、次世代の日本スポーツ界を担うことが期待されている塾生が、それらの問題を認識し、解決策を考え、実行に移し、その効果を検証していくというプロセスを踏んでいくことが重要だと思っています。スポーツ立国推進塾第一期プログラムの集大成のイベントとして、そのはじめの一歩を踏み出すため、また継続的に問題解決に取り組んでいく勢いをつけるために、このシンポジウムを是が非でも開催したいと思ったのです。

この章は、以上のような経緯で開催したスポーツ立国推進塾第一期生主催シンポジウムの内容をまとめたものです。シンポジウムでの提言に当たっては、3つのセッション・テーマに分け、それぞれ取り組んでまいりました。

セッション1「スポーツ・インテグリティ　—“TRUE & FUN”で描くスポーツの未来—」
（第1節）

セッション2「世界で勝つ！　スポーツ国際人材—海外を拠点に就労する人材を増やす方策—」

（第２節）

セッション３「アスリートの能力を体系化し社会に還元する方法と構想」（第３節）と題し、次節よりご説明させていただきます。塾生全員が仕事を持ち、スポーツの現場で働きながら、多忙な仕事の合間や終業後の時間を使って、シンポジウムの準備を進めてまいりました。ときには終電の時間まで議論が白熱することもあり、相互理解を深めながら掲げたテーマと向き合い、真摯に取り組んできた集大成となります。もちろん国会議員の先生方やアドバイザーの先生方には、知見や経験は及びません。しかし、スポーツの現場感覚に長けた塾生の立場であるため、これまで書籍化されることのなかった新たな視点を提供できるものと確信しています。この章を通して、スポーツの現場で働く塾生が、スポーツ政策に多大なる影響力を持つ諸先生方に届けた声を実感していただき、読者の皆様にとって、新たな気づき、行動を起こすきっかけになれば幸いです。

最後に、国会議員の先生方やアドバイザーの先生方、学びをともにしてきた第一期生（今回シンポジウム発表への参加が叶わなかった安達和重、岩田史昭、金谷英信、川松真一朗、菅井達也、高橋建志、滝沢亮、塚尾昌子、津久井信介、津々木晶子、福林孝之、安井直史、脇本昌樹、山本啓一郎、真鍋卓也（以上敬称略）を含む）に感謝の意を表します。

（スポーツ立国推進塾　第一期生　小川裕史）

1

スポーツ・インテグリティ　―“TRUE & FUN”で描くスポーツの未来―

近年、レスリングパワハラ問題、日大アメフト悪質タックル問題、カヌー禁止薬物混入問題等、スポーツ界における不祥事件が相次ぎ、社会問題になりました。これを受けて、政府やスポーツ庁を中心とした議論が行われ、スポーツ団体版ガバナンスコードが制定されるに至りました。スポーツ・インテグリティは、まさにスポーツ界の主要な関心の一つになっています。

そもそも「インテグリティ」とはどのような意味なのでしょうか。経営学者ピーター・ドラッカーはインテグリティを定義することは困難であるとし、インテグリティが欠如した状態を例示することで、帰納的にその定義を試みました。インテグリティは、一般的に「高潔さ、誠実さ、完全性」といった訳語が当てられており、英英辞典（Pearson Education, 2014）では、「自分が正しいと信じること（what you believe to be right）について誠実かつ強固であるさま、一つの完全なものとして統合された状態」と説明されています。

これまで政府やスポーツ庁、有識者の立場から、スポーツ・インテグリティについて議論されてきました。それゆえスポーツ団体の経営的視点から論じられることが多く、「ガバナンス」や「コンプライアンス」とともに扱われることも少なくありませんでした。インテグリティの概念は「自身の確たる姿（Personal Integrity）」に起源があるとされており、各個人・各組織のバックグラウンドにより、その解釈は異なります。そこで、より現場感覚に近い塾生の視点からスポーツ・インテグリティを捉えたとき、これまでとは異なる見方ができるのではないか、新たな切り口でスポーツ政策を提案できるのではないか。このような思いから、今回このテーマを選択するに至りました。

■スポーツ・インテグリティの現状

スポーツ・インテグリティは、不正や不祥事、リスクといったネガティブな文脈で語られる傾向にあります。これは、スポーツ・インテグリティの実現に能動的に取り組んできたのではなく、スポーツ界における問題の発生に起因して、受動的に取り組んできたことが一因と考えられます。

不正に関して、「不正のトライアングル」というモデル（新日本有限責任監査法人編，２０１８）があります。その不正行為に及んでしまう「機会」の到来、またその行為に至るまでの「動機・プレッシャー」、さらにはその行為に及ぶことを仕方がないと「正当化」する精神。この３つの負の要素が揃ったとき、不正が起こるとされています。イギリスでは、これらの要素を分析・評価した上で、各スポーツ団体が現況のリスクを自己評価、予防策を講じること等を盛り込んだ規程を提示し、その規程の遵守を公的資金投入の前提条件としています（UK Sport & Sport England, 2016）。

国際的な機関においても、スポーツ・インテグリティの問題に起因して、各スポーツ団体を対象とした枠組みや規程等が設けられています。例えば、欧州評議会では、「スポーツ試合の不正操作防止のための国際条約」を制定し、特にサッカーにおける八百長に対して、国際的な予防的枠組みを提供しています。また、国際オリンピック委員会（ＩＯＣ）では、国際刑事警察機構（ＩＣＰＯ）と連携して八百長対策を講じるほか、オリンピック・ムーブメントの未来に向けた戦略的ロードマップを描く「オリンピック・アジェンダ２０２０」で、「グッドガバナンスの基本原則の遵守」「自律支援」「透明性の向上」「ＩＣ倫理委員会の独立性の強化」「コンプライアンスの確保」「倫理観の強化」といったスポーツ・インテグリティに係る提言をしています（IOC, 2014）。さらに、世界アンチ・ドーピング機構（ＷＡＤＡ）は、世界アンチ・ドーピング規程や国際基準を通して、アンチ・ドーピングに係る基準を提示、世界的動向に応じてその内容をアップデートしています。

このようにスポーツ・インテグリティを実現するため、制度や規程の制定、監視や検出の実施、制裁措置の発動、教育・研修の実施等、世界的に様々な施策が行われています。しかし一方で、スポーツ・インテグリティの問題が発生した際に、最終的な責任の所在がどこにあるのか、不明確であるという問題もあります。この点を明らかにするため、スポーツ・インテグリティを3つの側面から見てみましょう。

1つ目は、「Integrity AT Competition」、競技会におけるインテグリティです。八百長、暴言・暴力、ハラスメント、差別、ドーピングといったフィールド・ピッチ上で起こるもの、不祥事のようにフィールド・ピッチ外で起こるものが、スポーツ・インテグリティの問題とされています。これらは、「人」の問題（“Personal Integrity”）ということができます。2つ目は「Integrity TO Competition」、競技会に対するインテグリティです。先に挙げた八百長、暴言・暴力、ハラスメント、差別、ドーピング等が対象となる、外部から競技会に対する行為です。これらは、「人」から「人」へという問題（“Personal Integrity” to “Personal Integrity”）ということができます。３つ目は「Organizational Integrity」、組織のインテグリティです。ガバナンスの欠如、不公平なチームセレクション、汚職、利害相反といったものが、スポーツ・インテグリティの問題とされています。

ここまで、スポーツ・インテグリティの現状について見てきました。それでは、スポーツ・インテグリティが実現したとは、どのような状況のことを指すのでしょうか。また、それは誰にとってのスポーツ・インテグリティなのでしょうか。このような疑問が出てきます。スポーツがフェアで、安全で、インクルーシブで、楽しく、真なるもので、未来に向けたものであるために、スポーツ・インテグリティが実現された姿、理想像とはどのようなものか。それを明らかにするため、塾生である各メンバーの立場や視点から捉え、共通項や新たな視点を見出し、スポーツ・インテグリティの実現に向けた未来志向の提案をします。

■塾生の視点から見るスポーツ・インテグリティ

（1）法律家の視点

近年、日本スポーツ界で問題になったスポーツ・インテグリティを脅かす事案として、①パワーハラスメント・セクシャルハラスメント、②暴力・体罰、③ドーピング、④八百長、⑤買春、⑥スポーツ団体のガバナンスの欠如、といった問題が挙げられますが、現実的には、このようなスポーツ・インテグリティを脅かす事案を根絶することはできないものと考えています。そのため、スポーツ・インテグリティを実現するということは、スポーツ・インテグリティを脅かす事案そのものをなくすことではなく、永続的にスポーツ・インテグリティを回復する・高める仕組みを実現することだと考えています。「問題発生→調査・処分→検証→再発防止策（各種施策・教育等）」のようなサイクルを実現することこそ、スポーツ・インテグリティの実現であると考えています。問題が発生することで、スポーツ・インテグリティの問題が浮き彫りになる、それに対策を講じていくことで、スポーツ・インテグリティの実現に近づいていくことができるのだと思います。

（2）トップアスリートの視点

スポーツ・インテグリティをアスリートの立場で考えるとき、まず前提条件として、「アスリートという立場は、与えられるものではなく、獲得するもの」という考えに立脚することが大事だと思います。なぜなら、自らの意志を持って、夢や目標を達成するために技を磨き、努力を重ねることで、アスリートという立場を獲得していくからです。それにより、与えられていては身につかない真実を追求する姿勢が身につき、何のためにスポーツをやっているのか、PLAY TRUEとは何か、そしてスポーツ・インテグリティとは何かについて真剣に考え、その答えを探すことが可能になるのだと考えています。

先日制定されたスポーツ団体版ガバナンスコードは、アスリートにとって受動的なものではなく、能動的に問題解決できる根拠として機能していく存在であるべきでしょう。アスリートがスポーツ・

インテグリティを自分ごととして捉え、主体的にスポーツに関わっていくことが、スポーツの未来を創ることになり、組織のガバナンス向上に繋がる原動力になるのではないかと考えています。

私はアスリートという立場から、各個のインテグリティについて考えたとき、「１００％」がキーワードになると思っています。100% PLAY TRUE、１００％の信頼、１００％の真実、１００％の誇り、１００％本物といったように、完全なるものであるということです。また、相互関係の中に存在するインテグリティは鍵と鍵穴の関係、つまり相互の存在によって初めて成立するものであり、時間の経過とともに確立されるインテグリティは、不完全なものが完全なものへと至るプロセス、つまり完全なものを目的とした行動や思考という行為それ自体のことを指すと言えるのです。

では、スポーツ・インテグリティが実現された姿とはどのようなものか、ということを考えると、①疑問・疑念を持たずに規律を守ることができている、②誠実、順道制勝、PLAY TRUE の精神で公平公正にプレーをすることができている、③自らを１００％信じることができている、④他者のインテグリティを１００％信じることができている、状況のことを指すのだと考えています。そして、このようなスポーツ・インテグリティを実現するためにはアスリートのみならず、スポーツに関わる組織やアスリート以外の立場で関わる人等、それぞれの立場において実現しようと努力することが大切だと思います。

（３）「わたし」の視点

「わたし」は、インテグリティとは、完全な様で何も欠けていない状態がゆえに機能するものであると考えています。つまり、車輪のスポークが一本でも欠如すると自転車として機能しないように、インテグリティの欠如は機能不全を招くということです。このように考えると、インテグリティは良し悪しという程度の問題ではなく、機能しないことそれ自体が問題であると言えます。インテグリティは、自己の在り方であり、自分が誰であるかを形成するもの、すなわちAuthenticity（自分に偽りのない真の姿）と同じ意味に取ることができます。スポーツ・インテグリティが実現された姿とは、機能性・効率性が最高の状態にある様、つまりパフォーマンスを最大限に引き上げる源であるのだと思います。これは、ＩＯＣオリンピック・ムーブメント・ユニットのスローガン「BE TRUE, BE YOU」に通ずるものがあると考えています。

（4）社会学の視点

結論から言いますと、スポーツ・インテグリティは「遊び」の保全、だと考えています。スポーツの語源は、ラテン語の「deportare」にあると言われています。港（仕事）から離れる、転じて気晴らしをする、休養する、楽しむ、遊ぶという意味。スポーツの本質には「遊び」があるのです。では「遊び」とは何でしょうか。ロジェ・カイヨワは「遊び」を構成するものとして、①自由な活動、②隔離された活動、③未確定の活動、④非生産的活動、⑤規則のある活動、⑥虚構の活動、の6つを挙げています（ロジェ・カイヨワ、１９９０）。スポーツ・インテグリティの問題とされている事象について見ていくと、例えば、体罰や暴力で選手に強要をする場合を考えると、①自由な活動を阻害してしまいます。また、八百長の問題は③未確定の活動を阻害し、違法賭博は④非生産的活動、つまり勝敗以外の金銭的利益を生まないということに反するわけです。

このように見ると、「遊び」の特徴が一つでも欠けてしまうと「遊び」として成立しない、裏を返せば「遊び」を完全な状態で保つことが「遊び」たらしめているということです。スポーツ・インテグリティ＝「遊び」の保全、としたのは以上のような理由です。

（5）議員秘書の視点

先日、スポーツ庁は、公益性の高い中央競技団体を対象にしたスポーツ団体版ガバナンスコードを制定しました。それは、国会で議論される法律のような法的拘束力を持つものではなく、各スポーツ団体の自主性、自律性を尊重するものであり、かつ大小異なるスポーツ団体の財政面、人材面、時間面等を考慮した対応が取れるよう配慮するものでもあります。しかし、なぜ法的拘束力を持つものではなく、「コード」という形をとる必要があったのかを考えると、最終的な目的はやはり社会や国民にあるのではないかと考えました。今回のガバナンスコードの対象は「公益性の高い団体」、つまり社会や国民に対する影響力が大きい団体です。個人や組織、国から支援を受けて活動を行う以上、社会や国民への還元があるべきであり、その一つが公平性、公正性、高潔性のある姿、つまりスポーツ・インテグリティを体現することではないかと思います。今回のガバナンスコードは、例えるならば点滴のバッグのようなものです。政府やスポーツ団体が協力してガバナンスコードに取り組むことで適正な点滴バッグが整い、管を伝って針（アスリート）へ。針はパフォーマンスを通して、身体（社会・国民）に直接影響を与え、循環していきます。その好循環をもたらすこところこそ、今回ガバナンスコードを施行する目的であり、意図ではないかと考えています。

■スポーツ・インテグリティの未来視点 —SAFFE SPORT—

塾生それぞれの異なる視点から、スポーツ・インテグリティを見てきました。これらの共通項を抜き出し、スポーツ・インテグリティの新たな視点、未来視点を「SAFFE SPORT」と名付けました。

「S」は「Sustainability（持続可能性）」です。「問題発生→調査・処分→検証→再発防止策（各種施策・教育等）」のようなサイクル、点滴に例えて針（アスリート）から身体（国民・社会）へと栄養が送られ循環する仕組みの話がありました。一過性のものではなく、循環し高めていく持続可能な仕組みが必要であるということです。

「A」は「Anti-Doping（アンチ・ドーピング）」です。「自らを100%信じることができている」ということ、「Authenticity（自分に偽りのない真の姿）」の話がありました。自分自身の力を100%信じ、偽りのない真の姿でスポーツに臨むという点において、アスリートが他のアスリートに対して不当な方法で勝利を収めることを防ぐものであるということができます。

「F」は「Fair play（フェアプレー）」です。「疑問・疑念を持たずに規律を守ることができている」「誠実、順道制勝、PLAY TRUE の精神で公平公正にプレーをすることができている」という話がありました。これは行為全般に共通することで、フィールド上に限らずスポーツに携わる人すべてが、相手を敬い、公平公正な立ち居振る舞いをすることを意味しています。

もう一つの「F」は「Fun（楽しさ）」です。スポーツの語源から、「遊び」の保全の話がありました。スポーツの本質的な意味は「遊び」にあり、楽しむこと（FUN）にあるということです。この本質を完全な状態で保つことが必要なのです。

「E」は「Ethical（倫理観）」です。倫理は、主眼が社会に対する考え方にあり、人として守り行うべき道という考え方は、塾生全員の根底にある考え方でもあります。

以上の各要素が欠如しないように、安全で安心な（SAFE）スポーツという意味も込めて、「SAFFE SPORT」としました。スポーツの真なる姿は、人・社会の写し鏡とも言うべきものです。全ての人における「楽しさ」と、スポーツの最大限の可能性が開花されることと、各自の中にある「真なる姿」を追い求めること。スポーツの未来視点「SAFFE SPORT」が、スポーツ・インテグリティの実現に寄与していくものと確信しています。

◻TRUE & FUN SPORT　―スポーツ・インテグリティの未来視点からの提言―

それでは、SAFFE SPORTから、どのようなスポーツ政策・施策が考えられるでしょうか。その基本にある理念は、「TRUE & FUN（スポーツに対する真なる想いと楽しさ）」です。この理念を核にして、６つの提言をします。

１つ目は、「Team TRUE & FUN」の創設です。スポーツ・インテグリティの問題とされている事象それぞれの専門家、政府関係者、自由意志のアスリートを中心に円卓会議・チームを組成するというものです。超党派スポーツ議員連盟に設置する想定をしています。

2つ目は、「TRUE & FUN Sport JAPAN」の創設です。現在スポーツ庁、JSC、JSPO、JOCをはじめとして、スポーツ・インテグリティ実現のための取り組みを各々で行っていますが、その取り組みを行う組織を統一化する、その役割を担うのが「TRUE & FUN Sport JAPAN」です。

3つ目は、「教育プログラム」です。こちらも各スポーツ団体がスポーツ・インテグリティ実現のための教育プログラムを実施していますが、スポーツ団体の規模の大小を問わず、一定水準のスポーツ・インテグリティ教育の機会を確保する必要があります。スポーツ・インテグリティに対する総合的、包括的な内容が盛り込まれた教育プログラムを作成、提供するための提言です。

4つ目は、「キャンペーン展開」です。インテグリティ啓蒙活動の一環として、「インテグリティ・バンク」キャンペーンを考えました。これはインテグリティを体現した活動に対して、LIKE!を送り、それを蓄積していく活動を通して、インテグリティとは何かについて向かい合い、深く考える機会を提供するものです。単にLIKE!を送るだけではなく、仮想通貨の仕組みを利用した「インテグリティコイン」を媒介にするのも一考の価値はあると思います。仮想通貨はインテグリティが欠如した環境下では機能しないため、価値を測るツールとしては適しています。

5つ目は、「経営理念」です。スポーツ団体版ガバナンスコードには、事業計画の作成が盛り込まれています。事業計画は、経営理念に基づき、世の中の潮流を読み、ビジョンを持った上で、策定されるべきものです。ガバナンスコードには「スポーツ基本法の理念を実現するために」という文言はありますが、スポーツ団体が独自に有する経営理念については、言及されていません。スポーツ団体が「自分が正しいと信じること」、それは経営理念に表れているべきです。そのため、経営理念を策定し、それを浸透させるプロセスを踏むことが必要だと考えました。

６つ目は、「リーダーアスリートの育成」です。これはスポーツ庁が主導して、最低限の素養・知識を持つリーダーアスリートの育成プログラムを提供し、アスリートが自発的にスポーツ・インテグリティの実現に取り組む環境を整備することが目的です。

以上が、我々塾生の、スポーツの未来視点から考えるスポーツ・インテグリティです。今回それぞれに異なるバックグラウンドを持った塾生が集い、スポーツ・インテグリティについて議論してきました。今後はそれぞれの現場で、今回の提言を実現していくべく取り組んでまいります。ありがとうございました。

【メンバー】◎小川裕史（小川裕史行政書士事務所　行政書士）／池田めぐみ（公益財団法人山形県スポーツ協会・元オリンピアン）／窪園仁希（衆議院議員馳浩事務所秘書）／斎藤麻美（ＩＭＧ）／高田佳匡（鎧橋法律事務所　弁護士）／山本真由美（公益財団法人日本アンチ・ドーピング機構）

2 世界で勝つ！ スポーツ国際人材 ―海外を拠点に就労する人材を増やす方策―

本セッションは、将来世界を舞台に活躍する若年層リーダーの人材開発・支援を行う事業の計画をまとめたものです。私は、「ラグビーワールドカップ等の国際大会を20年以内に再び日本で開催したい」という夢を持っています。私自身、ラグビーワールドカップ２０１９日本大会の組織・人事の仕事に携わって5年弱が経ちますが、当初20名弱だった組織も、現在では約３００名規模になりました。その中で、欧州を中心とした世界のスポーツ組織では、未来を期待される若年層人材が早い段階から要職に登用され、若くしてInternational Federation（ＩＦ）のリーダーに抜擢されるケースを目の当たりにしてきました。

一方、日本の組織づくりは「年功序列」の考えがベースとなっています。そのことに、課題感・危機感を感じた個人の責任として、これからの日本スポーツ界の発展を考えると、未来ある若年層リーダーを早い段階で人材開発・育成を行う仕組みが必要と考え、事業化を検討することとしました。そこで、今回のシンポジウムの機会を活用して、プロジェクトメンバーとともに2か月弱に渡り、事業計画の策定を推進してきました。

■ビジョン・ミッション・ゴールの設定

まず、プロジェクトの上流プロセスである、「ビジョン・ミッション・ゴール」を定義することにしました。なぜ、「ビジョン・ミッション・ゴール」の定義が必要かというと、自身のビジネス界での経験を通して、どのような事業でも、これらの定義が、中長期的に持続可能な成長を遂げるために必要不可欠であると実感してきたからです。そこで、本事業でもこれらの定義を次のとおりとしました。

『ビジョン』　２０３５～２０４０年に、国際的なスポーツイベント（オリンピック・パラリンピック、ＦＩＦＡワールドカップ、ラグビーワールドカップ等）を再度日本で開催する！

『ミッション』（海外の就労人材を増やすことで）日本スポーツ界の未来を担う、国際渉外力のあるリーダーを輩出する。

『ゴール』　スポーツ関連組織[※1]において、海外を拠点に、就労する若手人材[※2]を増やすべく、育成・支援する。

（※1）ＩＯＣ、ＩＦ、リーグ、クラブチーム、広告代理店、放送局等
（※2）非常勤理事・スタッフではなく、常勤スタッフまたはインターンに参加する人材

■海外を舞台に活躍する若者たち

本事業で対象となる、若くして海外を舞台に活躍する３名の紹介です。調査を進める中で、日本

の若年層で、自ら海外に飛び出し、活躍している人材が数多くいることが分かってきました。その実例の一部をご紹介させていただきます。

［質問事項］①　海外でチャレンジしている（した）背景・実績
②　海外でチャレンジしている中で直面している困難
③　1～2年後のキャリアのイメージ
④　③を実現する上で、政府・団体・個人でどのようなサポートがほしいか
⑤　3～5年後のキャリアのイメージ
⑥　⑤を実現する上で、政府・団体・個人でどのようなサポートがほしいか

（1）山岸瑶子さん（ラフバラ大学在学中）

①幼少期からスポーツをよく観戦する環境だったこともあり、高校卒業後の進学先を考える中で、日本のスポーツ産業を発展させたいという漠然とした思いが生まれました。スポーツは、常に海外と繋がっているものでありながら、日本スポーツ界に国際人材が少ないという気づきを得て、自分がその1人になりたいと考えました。幼少期をアメリカで過ごした経験もあり、自分の強みでもある英語を活かすことのできる海外の大学進学も検討していました。最終的に、日本の大学のスポーツ系学部におけてビジネスやマネジメントに特化した内容が学べるか、また多くの日本の大学のスポーツ系学部が促進している半年～1年の海外留学で国際人材になり得るのか、とい

う疑念があったため、海外の大学に進学することを決めました。２０１８年６月にイギリスのラフバラ大学スポーツマネジメント学部の2年を修了。学生生活と並行して、ウィンブルドン選手権、ワールドラグビー、国際テニス連盟といった権利者のためのデジタルメディア代理店であるRed Lantern Digital Media Ltd.に日本語編集者として、ＩＯＣにソーシャルメディアコンサルタントとしてそれぞれ勤めてきました。また同年7月から、1年間のインターン（フルタイム）であるプレイスメントイヤーを、ロンドンを拠点とした国際スポーツ業界の経営幹部職向けネットワーキング会社iSportconnectで開始しました。

②プレイスメントに申し込んだ際、イギリスのパスポートや永住権を保持していなかったため、いくつかの企業に早い段階で断られました。

③現在勤めているＩＯＣでの仕事を続けながら、アメリカでスポーツマネジメント、マーケティング関連の修士号、またはスイスのＡＩＳＴＳ（International Academy of Sports Science and Technology）の獲得を検討中しています。

④学生ビザをスムーズに獲得できるようにしてほしいです。また現在、学部を卒業しそのまま修士課程への進学を目指していますが、それができなかった場合、1年間フルタイムで働き、その翌年の入学に再挑戦することも検討しています。その際に海外での就労経験を理想としているため、そこで就労ビザ獲得の金銭面、政府面のサポートがほしいです。

⑤修士課程を修了し、ＩＦや主要な国際スポーツイベントなどの権利者へのコンサルティング事業

（日本やアジアマーケットへの地域化など）といった就労経験の獲得を希望しています。長期的目標が、日本を代表する国際スポーツ人材の１人として、日本スポーツ界と国際スポーツ界の架け橋となり、国際スポーツ界での日本の存在感を強化すること（日本のスポーツビジネスやテクノロジーの事例で、世界をリードする者を増やして国際レベルで注目を浴びること、またはＩＯＣやＩＦで日本人が活躍し、日本スポーツの競技力向上に繋がることなど）、日本スポーツ業界をより健全でプロフェッショナルな業界にすることであるため、修士課程修了後も海外の組織や企業に残り、活躍できる人材になることを目標としています。その最初のステップとして、修士課程修了後も国際レベルでのネットワークや見識、経験が広がるような事業に係る海外の企業への就職を希望しています。

⑥海外での就労ビザへの金銭面、政府面のサポートがほしいです。また日本スポーツ業界が、国際レベルの注目を得るためには、ラグビーワールドカップ２０１９日本大会、２０２０年東京オリンピック・パラリンピック競技大会（その後、延期決定）、以降も主要な国際スポーツイベントを定期的に日本で開催することが必須だと思います。その際の招致のサポート、開催のサポートがほしいです。また海外のスポーツ系組織、企業の日本人、アジア人の雇用の慣例化に繋がる教育面のサポート（日本人学生や新社会人の意識がより海外での留学、就労経験獲得に向くように、政府機関、大使館、自治体、公立学校等の教育）がほしいです。

(2) 矢崎誠さん(筑波大学大学院在学中)

①私は現在、この組織においてインターン生として業務の中枢に携わりながら、オーストラリア・ニューサウスウェールズ州が行っているラグビーを通じた地域貢献事業の成功要因を定量・定性的に調査しています。日本ラグビー界は、これまで実業団スポーツを軸に発展してきた背景から、地域との繋がりが薄く、このことに問題意識を抱いています。昨今ではBリーグ、Jリーグなど多くのスポーツ組織が地域に根ざした経営で成功を収めており、今後日本ラグビーも同様の戦略を取る必要があると考えています。そこで、学問と語学力に強みを持つ私が実際に海外の先進事例の現場で、研究を通じて調査・分析することで現地のノウハウを明らかにし、良い部分は日本ラグビー界に輸入したいと考えています。ラグビーワールドカップ2019日本大会を控えた日本ラグビーへの投資が、今後の日本スポーツ界全体に貢献することは明白であり、2019年以降に起こる日本ラグビー界の変革に向けて、次の段階を見越した学びを得るために日々活動しています。

②生活資金の確保です。シドニーは日本と比較しても物価が高く、学生である私が自費で渡航費や滞在費を工面することは、経済的に大きな負担になっています。そして、渡航期間中は収入を得ることができないため、現地での生活は家計を強く圧迫しています。

③ジャパンラグビートップリーグ某チームでの国際業務や通訳、マネジメント業務を担当しています。

④政府に対しては、２０１９・２０２０年以降のスポーツ界への継続的な予算の確保をお願いしたいです。団体に対しては、日本の様々な競技団体を運営されている方々に、２０１９・２０２０年以降の展望を伺いたいです。個人としては、海外にチャレンジする際の資金援助をお願いしたいです。

⑤チームマネジメント分野において、所属チームや競技を超えた繋がりを構築し、日本ラグビーの世界進出と地域密着の双方にアプローチをかけて活動しています。

⑥政府に対しては、スポーツ界の国際人材が更に世界進出しやすくなる制度（資金援助、機会確保等）を導入してほしいです。団体に対しては、日本のスポーツが競技の垣根を越えて相互に活性化できる枠組みの構築、若手が組織の意思決定に参加できる機会の提供をお願いしたいです。個人としては、将来日本のチームや競技連盟だけでなく、世界を舞台に国際競技連盟で働きたいと強く願っており、そのようなキャリアを切り開いていける方法を教えて頂きたいです。

（３）岩沢健太さん（リール大学修士課程在学中）

①フランスでスポーツマネジメントを勉強している人がほぼ皆無であるという希少価値、そして東京オリンピックの際に、フランスオリンピック委員会のホスピタリティハウス運営に携わるプロジェクトに参加できるという点に興味を持ち、チャレンジしました。

②１つ目は、日本のスポーツの国際的な存在感です。アジアにおけるスポーツというと中国が最初

に出てきて、日本は陰に隠れてしまっています。フランスのスポーツ界でも中国のスポーツ市場に詳しい人を求めているし、他のアジアの市場にあまり興味を持っていません。オリンピックがあるにも関わらず、日本のスポーツに関する話はあまりありません。２つ目は、フランス人特有のギリギリまでどうなるかわからない不確実性です。これはフランス人の性格でもあるのですが、日本人からしたら戸惑う点です。一度決めたことも締め切り間近に急に変更されることもあります。ときにはそのおかげで良いほうに転がることもありますが、最初日本人は苦労する点だと思います。最後に行政の不手際です。滞在許可申請や銀行口座申請の際に、かなり不手際を感じることが多いです。これといった対処方法がないのがさらに悩ましい点ですが、覚悟しなければならない点でもあります。

③スポーツのマーケティング代理店に就職し、国際的なスポーツイベント（特にフランス）に対してのセールスやオペレーションについて担当したいです。マーケティング代理店でなくても、フランスで開催される国際的なスポーツイベントに関わる活動をしたいです。

④団体・個人については、海外でスポーツ関係の仕事に就く人たちのコミュニティを形成したいです。Facebookをはじめとした SNS でグループをつくり、海外でスポーツ関係に携わっている日本人、大学生、大学院生をつなぐコミュニティがあるとおもしろいと思います。月一回良質な情報交換を行うことができれば、お互いにとってプラスな結果が生まれると思います。海外で働いている方を一人にせず、いろいろつなげていくとおもしろいイノベーションになっていきます。

それだけではなく人として、何か大変なときに助けてくれる人がいる状態にすることも大事なことです。政府、団体については、フランスと日本のスポーツ面における連携強化をしてほしいです。日本とフランスのスポーツ交流であったり、学術的な交流があったりしてもいいのではないかと感じています。具体的に言うと、パリ・サンジェルマンのプレシーズンマッチ招待やフォーミュラーE開催、全仏オープンのブース設置など、たくさんの案が考えられます。日仏スポーツ交流は、東京オリンピックを機に始めるとおもしろいのではないかと考えています。

⑤フランスで行なわれるオリンピック、ラグビーワールドカップ等の国際スポーツイベントを中心に、国際的なスポーツイベントのセールスやオペレーションについて担当したいと考えています。

⑥日本発の世界一を決める大会、リーグの創出してほしいです。日本は、日本発祥のスポーツがあるにも関わらず、それを日本で行われる国際大会を頂点とするものはあまり見受けられません。アメリカは、例えばメジャーリーグで優勝したらアメリカで一番ではなく世界一と言われます。そのような大会を日本で作っていくべきだと考えています。もしそのような大会ができれば、自らの努力によって国際的なスポーツ大会を支える身として働くチャンスが広がる、かつ日本のスポーツによる国際的な存在感も高まっていくと思います。2020~2030年の間に、スポーツにおける中国の国際的な存在感が高くなっていくことを考えると、これをやらないと日本は完全に引き離されてしまうのでは、という懸念があります。

■課題の抽出

課題を抽出するために、先の3名以外にも、スポーツ系大学・大学院の現役学生またはOB、計9名（現役4名、OB5名（内塾生2名））にヒアリングを実施しました。その結果、次の5つの主要な課題が浮き彫りになってきました。

（1）そもそもスポーツ界にどんな仕事があるか、分からない
（2）インターン・就労先の情報の入手が難しい
（3）キャリアアドバイスをうける方法を見つけるのが難しい
（4）スポーツ界のネットワークに入る仕組みがない
（5）資金やビザの問題

■活動計画

抽出した課題を念頭に、将来日本スポーツ界のリーダーとなりうる人材に焦点を当てて活動を取り組む際に、まずは対象者の要件を次のように定義しました。

［対象者の要件］
①スポーツ系大学・大学院に留学しているまたは検討している学生
②25歳以下
③英語が堪能

④行動力・実行力がある
⑤倫理観を備えている
⑥リーダーシップ and/or フォローワーシップの素養を有する

また、活動内容のテーマを「キャリアディベロプメントを支援する「スポーツ版グローバル寺子屋」を創る。」として、次の4つの活動に焦点を当てて行うことにしました。

［活動内容］
①キャリア支援
②コミュニティ形成
③キャリアブランディングの支援
④インターンの就労先の斡旋

□事業計画のストラクチャー

次の図に示したとおりです。

□スポーツ国際人材輩出という視点からの提言

今回は、スポーツ国際人材を輩出していくための計画について、検討を進めてきました。この計画は現段階で未完成のものであり、継続して検討を進めていく必要があります。事業計画のストラ

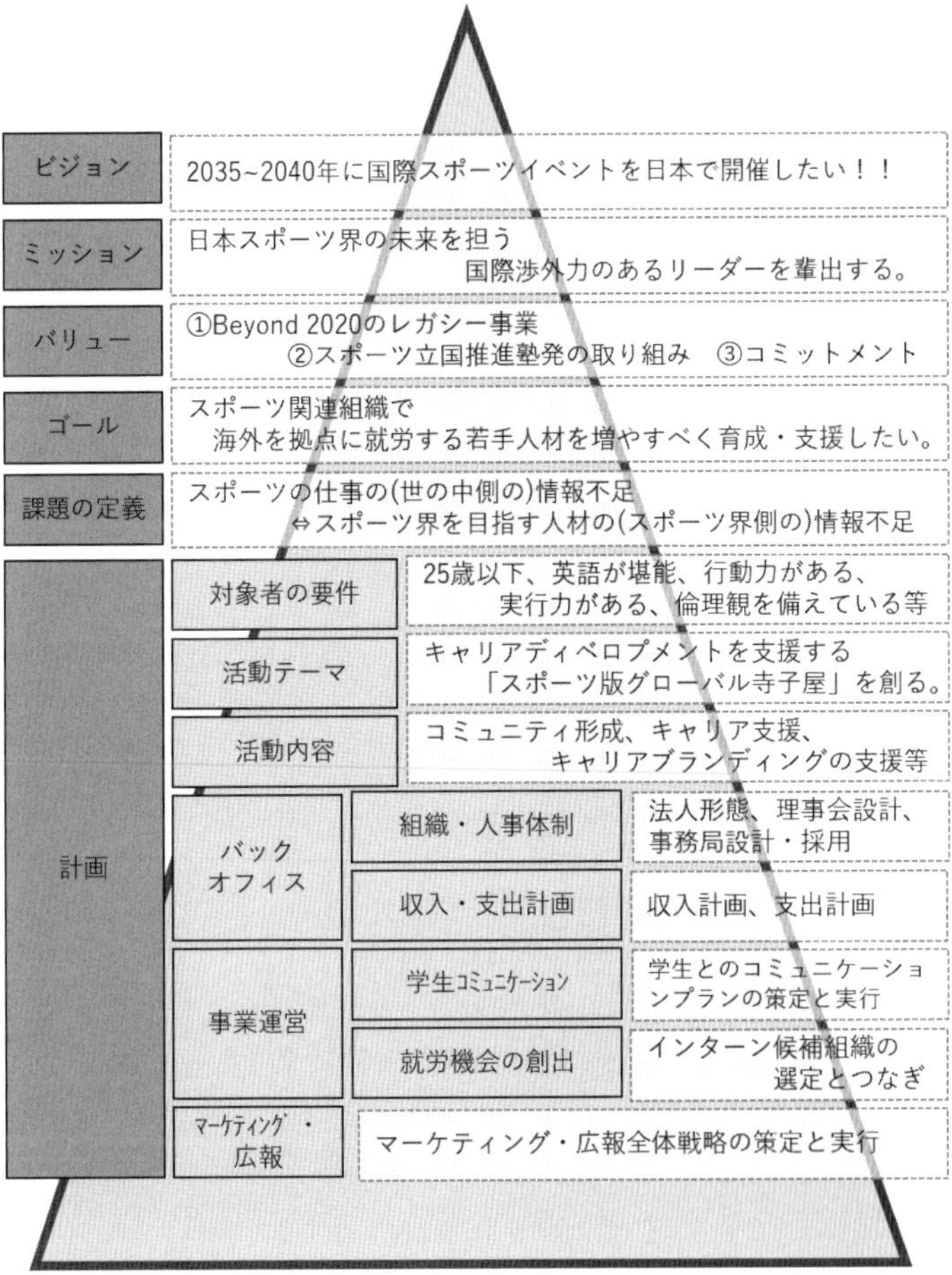
ビジョン
2035~2040年に国際スポーツイベントを日本で開催したい！！
ミッション
日本スポーツ界の未来を担う国際渉外力のあるリーダーを輩出する。
バリュー
①Beyond 2020のレガシー事業　②スポーツ立国推進塾発の取り組み　③コミットメント
ゴール
スポーツ関連組織で海外を拠点に就労する若手人材を増やすべく育成・支援したい。
課題の定義
スポーツの仕事の(世の中側の)情報不足⇔スポーツ界を目指す人材の(スポーツ界側の)情報不足
計画
対象者の要件
25歳以下、英語が堪能、行動力がある、実行力がある、倫理観を備えている等
活動テーマ
キャリアディベロプメントを支援する「スポーツ版グローバル寺子屋」を創る。
活動内容
コミュニティ形成、キャリア支援、キャリアブランディングの支援等
バックオフィス
組織・人事体制
法人形態、理事会設計、事務局設計・採用
収入・支出計画
収入計画、支出計画
事業運営
学生コミュニケーション
学生とのコミュニケーションプランの策定と実行
就労機会の創出
インターン候補組織の選定とつなぎ
マーケティング・広報
マーケティング・広報全体戦略の策定と実行

クチャーの全体が詰まると、より実行可能な計画に落とし込んでいくことができると考えています。
いよいよ、2019年にラグビーワールドカップ、2020年に東京オリンピック・パラリンピック（その後、延期決定）が日本で開催されます。これらを契機として、日本のスポーツ界から国際的なスポーツ組織で活躍できる人材を輩出することができるよう、我々塾生が主体となって、引き続き取り組んでまいります。ありがとうございました。

【メンバー】◎中田宙志（ラグビーワールドカップ2019組織委員会）／高谷正哲（東京オリンピック・パラリンピック競技大会組織委員会）／渡邉邦彦（株式会社コーチョー経営戦略部長）／早野述久（株式会社日本リーガルネットワークCOO・弁護士）／田口亜希（日本パラリンピアンズ協会理事・スポーツ庁参与・元パラリンピアン）／福島弦（ラグビーワールドカップ2019組織委員会）

3　アスリートの能力を体系化し社会に還元する方法と構想

トップアスリートは、心技体において卓越した能力を持っています。日々トレーニングに取り組み、数々の困難を乗り越え、自身の能力に磨きをかけているのです。今回、アスリートがスポーツを通して培ってきた能力を体系化して、スポーツ以外の分野でも活かせるのではないか、社会に還元できるのではないかと考え、このテーマを設定しました。

近年、本田圭佑選手や長友佑都選手をはじめとして、現役のアスリートでありながら事業を手掛ける、いわゆるデュアルキャリアで注目を浴びるケースが増えてきています。また、プロ生活数年で引退した後、ビジネスを始めて成功した元アスリートのメディア露出が増え、セカンドキャリアについて考える機会も増えてきました。

スポーツ庁が発表している「第二期スポーツ基本計画」にもアスリートのキャリア形成支援が盛り込まれているように、日本スポーツ振興センター（ＪＳＣ）ではスポーツ庁委託事業「スポーツキャリアサポート推進戦略」、日本オリンピック委員会（ＪＯＣ）では「ＪＯＣキャリアアカデミー事業」というスポーツ界独自のアスリートのキャリア形成に関する取り組みも行われています。

就職活動においても体育会系は強い、といった声もよく聞かれますが、やはりアスリートがスポーツを通して身につけた能力は社会のために役立つものです。トップアスリートの集中力やコンディショニング力をビジネスや教育などに応用することで、人々の能力発揮を促進するとともに、スポーツ、そしてアスリートの価値をこれまで以上に世に広く伝えることができるでしょう。

我々が本節を通して創り上げたいモデルはシンプルです。それは「スポーツ立国推進塾が社会課題を解決すること」です。社会課題とは、一般的に広く知れ渡っているが、解決されていない問題のことです。今回はそのモデルを創り上げるスタートと位置づけ、スポーツ立国推進塾関係者のスポーツを通じて得た強み・能力が共有され、これだけのメンバーがいれば、世の中の課題を解決できる、もしくは、スポーツの価値がスポーツ以外でも発揮されていく、というようなわくわく感、明るい未来に踏み出すに向けての空気感を醸成することをゴールとしたいと思っています。

今回は、スポーツを通じて得た強み・能力（表出）→スポーツ以外にどう活かしているか（共有）→自分以外にどう役立てそうか（発想）、という3つの質問についてワーク形式で進めていきます。

□スポーツを通して得た強み・能力

○質問1「あなたはスポーツを通じてどのような強み・能力を得ましたか？」

まずこの質問について、考えてみてください。個人的なものや対人的なもの、フィジカルやメンタル、その他どのようなものでも構いません。このあとの質問のベースになるものなので、できる限り多くブレストしてみましょう。なお、シンポジウム当日のワークで出た回答は次のとおりです。

［回答］忍耐力（耐理不尽）⑨、人脈④、目標達成能力③、自信③、ネバーギブアップ③、楽しむ

心③、チームワーク③、課題解決力②、先見性②、突破力②、メンタル②、目標設定力②、健康②、体力②、協調性②、他人の立場になって考える力②、国会議員になれた、直感力、計画性、自己管理能力、自己主張能力、地道な努力、想像力、チャレンジ精神、判断力、広い視野、実行力、根性、覚悟力、犠牲心、向上心、情熱・パッション、なんとなく親近感、ネガティブ・ケーパビリティ、熱中、ポジティブシンキング、モチベーション、ラグビーの五大バリュー（品位、情熱、結束、規律、尊重）、レジリエンス、共通言語、コミュニケーション能力、リーダーシップ、社会で生きていく上で必要なことはスポーツで得た

※〇の中の数字は、同じ回答の数を表す（以下、同様）

■スポーツ以外にどう活かしているか

〇質問２「スポーツを通じて得た強み・能力がスポーツ以外でどのように活きていますか？」

それでは次に、先程挙げてもらった強み・能力について、日常生活や仕事でどのようにそれらを活かしているか、について考えてみましょう。なお、シンポジウム当日のワークで出た回答は次のとおりです。

［回答］ 人脈⑦、仕事④、子育て③、町内会・自治会役員③、何事も楽しめる②、組織マネジメント、状況を読む力、円満な家庭生活、ダイエット、仕事等の判断基準となった、就職、ごちそうになった、点線面観点を広げる、チーム力、理不尽な主張をしてくる相手に対して辛抱

強く反論説得する、理不尽な上司に耐えられる、やり抜く・やりきるというところは普通かなと思えるところ、多視点で物事を考えられるようになった、人の話を聞けるようになった、ひらめきや発見をいろんなところで応用できるようになった、何があっても「そうですね」と言えるようになった、いろいろな場所で自身の意見を言えるようになった、政治家としての判断力

■自分以外にどう役立てそうか

○質問3「スポーツを通じて得た強み・能力を自分以外の人に活用してもらうとしたら、どんな人にどのように役立てることができると思いますか？」

これが最後の質問です。皆さん個人の強み・能力は、社会に対してどのように貢献できるでしょうか。なお、シンポジウム当日のワークで出た回答は次のとおりです。

［回答］理不尽なこと、不確実なことに耐えられることが組織人材として活きている、まず社会課題を明確にしてその課題に対してスポーツを通じて得た強みや能力を活かせるという問いにしていくことが大事、就職活動、国民に法律や制度として有用に役立ててもらうことができる、大学生たちにチャレンジする素晴らしさを伝えたい、学生に運動する習慣を身につけてほしい、子供にスポーツから学んだ理不尽から耐える力を継承してもらっている、問題解決にあたって自分の人脈を活用することにより自分だけの力では解決できないソリューション

を提供できる、若い人の未来想像、スポーツの職域拡大、家族に人との繋がりを、子供に壁を乗り越える力を、若者にスポーツの素晴らしさを、子供に我慢を覚えさせる、子供の目標設定・変更やモチベーションアップ、悩んでいる人の目標設定・変更やモチベーションアップ、一人で悩んでいることに皆で協力することで解決する、スポーツの上達、人脈を後世に、理不尽に耐えてそれを継承させない、スポーツ界の広報の仕事を通じて得たスキルやネットワークで卓越した組織づくりに貢献したい、今日来ている皆さんにこれまでの経験や知識を役立たせて貰いたい、組織運営の方法を役員が高齢化している自治会運営に役立てる、学生にスポーツ団体の仕事の楽しさを伝える、悩んでいる人迷っている人飛び立とうとする人へ子供～跳ぼう！　チャレンジ、共生社会、引きこもりを表に出す、同じように障害のある人に自分が経験したことを好事例として話をして自身の意見を持ち伝えることの大切さを感じてもらう、次世代に未来に夢を。

ロスポーツを通して身につけた強み・能力という視点からの提言

今回、「スポーツ立国推進塾が社会課題を解決すること」、そのモデルを創り上げるスタートと位置づけ、３つの質問についてワークしてもらいました。スポーツ立国推進塾の皆さんが、スポーツを通して身につけた強み・能力とは何か、その強み・能力を普段どのように活かしているのか、さらに視線を社会に向けていただき、どのような社会課題の解決に貢献できるだろうか。このワークが、社会課題を解決する取り組みのはじめの一歩として機能することを願ってやみません。スポーツ立国推進塾第一期プログラムでいただいたご縁を大切に、これからも日本のスポーツ界、さらには社会を良くしていくために、一緒に取り組んでいきましょう。ありがとうございました。

【メンバー】◎与那覇竜太（慶應義塾大学レスリング部コーチ）／池田信太郎（フライシュマンヒラード・元オリンピアン）／伊藤華英（東京オリンピック・パラリンピック競技大会組織委員会・元オリンピアン）／河辺康太郎（株式会社スタンダードスタジアム）／黒崎祐一（港区議会議員）／佐野総一郎（日本スポーツ振興センター（ＪＳＣ））／寺廻健太（ラグビーワールドカップ２０１９組織委員会）

●参考文献

・Peter F. Drucker『The Practice of Management』HarparBusiness, ２００６年.
・Pearson Education『Longman Dictionary of Contemporary English』Pearson Japan, ２０１４年.
・UK Sport & Sport England『A Code for Sports Governance』UK Sport & Sport England, ２０１６年.
・International Olympic Committee『Agenda 2020』International Olympic Committee, ２０１７年.
・スポーツ庁『スポーツ団体ガバナンスコード〈中央競技団体向け〉』スポーツ庁、２０１９年.
・ＥＹ新日本有限責任監査法人編『スポーツの可能性とインテグリティ』同文舘出版、２０１８年.
・ロジェ・カイヨワ著、多田道太郎・塚崎幹夫訳『遊びと人間』講談社、１９９０年.

終章 これまでの総括とこれからへの提言

昭和、平成、そして令和へ

ここまで読み進めてくださり、ありがとうございました。最後に、私から「あとがき」に替えて「これまでの総括とこれからへの提言」をお話ししたいと思います。

さて、皆さん、東京オリンピック・パラリンピックでメダルより大切なものがあるのですが、分かりますか？

スポーツ立国推進塾の塾生はもちろん、読者の皆さんにはこのことをよく考えてもらいたいのです。将来において、とても大切なことなのです。

1　これまでの振り返り

それでは、一緒に考えていきましょう。昭和、そして平成の時代が終わり、令和という新たな時代が始まりました。まずは、これまでの振り返りです。平成のスポーツ界を8つのトピックに分け、簡単に説明してみます。

■スポーツ議員連盟とスポーツ基本法

1つ目は、超党派スポーツ議員連盟についてです。これは議員立法の仕組みになります。私たち国会議員は超党派のスポーツ議員連盟を通じて、法律に向き合ってきました。その際、内閣提出の法案と議員立法での法案とを使い分けながら実現に向けて議論を進めています。中学校のときに皆さんが習った勉強をおさらいすると、9割9分が内閣提出の法案で、残りの1分ぐらいが議員立法となります。

ちなみに、これまで長い国会の歴史で一番たくさん議員立法を企画成立させたのは誰かと言うと、自由民主党の総理大臣経験者、田中角栄さんになります。

この議員立法で法案を提出する際大事なことは、超党派で、（共産党の皆さんも、最後は賛成、反対と立場をはっきりさせますが、採決には賛成するというところまで持っていかないといけません。）当然、与党と野党の第一党が賛成しているということが大切です。もっと言うと、5分の4ぐらいに賛成を得る法律じゃないと、議員立法は通りません。他方の内閣提出の法案は、政府が出すものです。ちなみに、議員立法を行うのには2つの理由があります。一つ目の理由は、緊急事態だと悠長なことは言っていられないので、我々国会議員が役所と協力した上で、あっという間に仕上げて提出することになります。もう一つの理由は、関係省庁がいくつもあって、まとまらないので議員立法でお願いするということがあります。複数の省庁が絡んだときには、政治の力で進めたほうがよいということになります。

次に、2番目のトピックは、ｔｏｔｏ（スポーツくじ）です。当時、超党派のスポーツ議員連盟で、スポーツ界への財源をつくるため、海外で実績のあるｔｏｔｏをつくろうとなりました。いろいろな経緯を経て、コンビニエンスストアでは販売しないことになり、くじの対象がスタートしたばかりのJリーグのみになりました。所属する党は違えど、腹を割って話したり、一緒に課題に取り組んだりすれば、スポーツに関する立法予算措置がうまくいきやすい好事例です。

3番目。この流れで、スポーツ基本法に入っていきます。ここで力を発揮されたのが、本書第2章でお話された河野一郎さんです。河野さんはアカデミックの世界、ドクターの世界、ラグビーの世界などで、幅広い人脈を持ち、ステークホルダーや世界の皆さんとのコミュニケーションをお持ちの方です。何がいいって、アンテナ力がある。そして、交渉力がある。さらに、文書作成能力が高いのです。

スポーツ振興法は東京オリンピックの3年前の昭和36（1961）年の6月に成立しました。今回のスポーツ基本法が成立したのは、2011年の6月なのです。仕込みをしたのが、その3年前からです。理由は2016年のオリンピック招致のためにやっていたのですが、間に合いませんでした。政治が少し不安定だったからです。

また、スポーツ基本法に関連してスポーツ庁の創設がありました。小さな政府を謳った行政改革が終わったばかりだから、新しいスポーツ庁の創設はさすがに無理だなと思っていたら、遠藤（利明）先生も河野先生もあきらめていなくて、オリンピック招致に向けてのひとつのきっかけになると考えていたわけです。（2004年の）アテネオリンピックがうまくいったので、ナショナルトレーニングセンターの建設が一気に進んだということもありました。

実際、私も数々の国際オリンピック委員会（IOC）委員と会うため、いろいろな国を回らせていただきましたが、彼らにはスポーツ基本法とスポーツ議員連盟の役割、政治の役割をよく理解してもらいました。また、JICAを通じて、青年海外協力隊員が海外に派遣されていましたので、その貢献度が高く評価されていました。それがオリンピック招致の力強い基盤になったと考えています。

■反ドーピング法とスポーツの日

4番目のトピックは、アンチドーピング法です。これは時間のかかることでした。ほんとうに法律ができるのかなと何度も思いました。これも当然役所に任せると、スポーツ庁、厚労省、文科省、税関などが絡んできますので、調整が大変だったのですが、アドバイザリーボードや専門家のご指導をいただいてアンチドーピング法ができ、オリンピックに間に合わせることができました。

この背景になったのは、2015年の12月に安倍総理とトーマス・バッハIOC会長が、話し合いをもち、「アンチドーピングの体制を含めてよろしく」と言われたとき、安倍総理は政治の責任をもって対応すると話をされたことです。これが随分と法制化の後押しになり、インテグリティという耳慣れないカタカナが我が国を席巻するきっかけにもなりました。鈴木大地スポーツ庁長官は、長官になる前にオリンピック招致で「日本人はずるをしない」と語っていました。まさに品格、公正、高潔性、品性です。誰もがもやもやと抱いているインテグリティのイメージをわかりやすく言葉にしました。

5番目は、スポーツの日です。これも大きな課題だったのですが、スポーツ議員連盟で丁寧な議論をした上で、体育の日をスポーツの日にすることになりました。2020年には、東京オリンピックの開会式の7月24日を祝日にせざるを得ない、前の日も休みにしないといけない。閉幕の8月9日の次の日も休みにせざるを得ないということになりました（その後、延期決定）。そこで2020年だけは、体育の日、海の日、山の日を動かしましょうとなったときに、この際、法改正して動かすのならば、1964年の10月10日の開会式を記念した「体育の日」より、「スポーツの日」という概念がふさわしいということになったのです。

スポーツの日となったことは政府の方針でもありますが、スポーツや文化を正面から捉えて「金を稼いでもいいじゃないか」「稼いで還元する」「経済的な価値観だけじゃなく、文化的な生活の向上という観点からも、健康的な生活の意識向上からも、スポーツがファッショナブルだったり、地域開発になったり、外交になったり、観光になったりしてもいいじゃないか」というように、スポーツの価値感を高めるという意味で、価値の高さが、経済的な波及効果に繋がっていくと考えました。このように、体育の日をスポーツの日にした意味付けは大きかったと思います。

◘ユニバスとラグビーワールドカップ

6番目のトピックは、ユニバス（UNIVAS＝大学スポーツ協会）の創設です。

これは、たまたま私が文部科学大臣に就任した時（2015年10月）、大学スポーツ協議会を文科省につくって、私が本部長に収まって、大学スポーツ日本版ＮＣＡＡをつくろうという機運が盛り上がりました。大学においてスポーツを振興することは、２つ、３つのことで意味がある。経営者が大学のスポーツ振興に携わる意味合い、大学の理事長や学長がカリキュラムにおいても施設においても、スポーツ振興に携わる必要性です。体育会の学生を、スポーツに関わるビジネスとか、社会的なリーダーとして力を発揮させることは大事なのです。

高校までは、児童・生徒の皆さんは日本スポーツ振興センターの保険に加入していますよね。ところが、大学生になると、日本スポーツ振興センターの保険に入っていません。重大事故のとき、保険がきくようにしよう。また、部長に教授が就任するのは分かりますが、監督、コーチ、これは専門性がないとならないだろうと考えました。スポーツに関するプロ、メンタルトレーニングのプロ。そういうチーム作りをさせる上でも日本版ＮＣＡＡをつくるべき時代だと議論が深まりました。そして、収益をできるだけあげて、指導者の育成、保険の問題、キャリア形成、原点をしっかりやっていくべきだろうと考えて、スタートしたのです。

７番目は、２０１９年に開催したラグビーワールドカップです。ここは、あえて森喜朗元総理大臣が汗をかいたというところに意味があったのです。ラグビー文化を、アジアにも浸透させようとされた。そのためには、ホンモノをみてもらおう、運営に携わってもらうしかないのです。大会招致を成功させるため、当時のラパセＩＲＢ（現ワールドラグビー）会長と、森先生は深夜の3時4時まで酒を飲みながら口説き落としたという話も聞きました。こういったロビー活動が、我が国どころか、アジアにとって初めてとなるラグビーワールドカップ開催を引き寄せ、ラグビー文化を発展させる大きな原動力になったのです。

最後の8番目は、五者協議です。私が文部科学大臣のときにつくらせていただいたのですが、スポーツ庁長官と、JSC（日本スポーツ振興センター）理事長と、JSPO（日本スポーツ協会）会長と、JOC（日本オリンピック委員会）会長とJPC（日本パラリンピック委員会）会長という五者が、月に一回、情報共有し議論を深める場をつくりました。その結果、なにか必要なことがあれば、スポーツ議員連盟にお願いして、法律化を検討していただけるような機会となりました。

加えて、人材の流動性をはかる上でも、20代、30代のオリンピック選手が、セカンドキャリアとしてコーチ、協会の役員をやっていく際、サポートが必要であれば、スポーツ・フォー・トゥモローの事業をつかって、海外に出しましょう。そうすれば、いずれ、活躍できるようになるのです。

この塾生は1年間の勉強会を経て、情報を共有し、刺激されたことでしょう。それぞれの立場でスポーツの価値を高めていき、それを国民に還元していく必要があります。また、世界平和に貢献していく役割がありますから、その使命を自覚していってほしいと願っています。

■東京オリンピック・パラリンピック大会のレガシーづくり

さて、令和の時代を迎えました。これからへの提言に移ります。冒頭に書いたように、2020年の東京オリンピック・パラリンピック大会（その後、延期決定）では、メダルより大切なものがあります。皆さん、なにか分かったでしょうか？

特にレガシーに関しては、国会議員スポーツ議員連盟でも盛んに議論しています。2020年のあと、総括的に言えば、レガシーについて5つの議論をしないといけません。

1つ目は、レガシーの必要性を国民に理解いただくことです。スポーツの価値観、スポーツの魅力です。自主的、自発的なスポーツなのだけれど、みんなで支え合ったり、あるいは応援し合ったりすることで得られる価値観もあります。そういうことへの理解があって、初めてスポーツは価値が生まれます。

2つ目は、箱モノをどうするか、です。立派な箱モノを造っても活用されなければ、残念ながらスポーツの価値観は伝わっていかない。無駄ガネと批判されてしまいます。箱モノの有効な活用をすることです。

3つ目が、当然、箱モノを動かしていくには、スポーツマネジメント人材やトップアスリートを育成する指導者のプロ化が急務でしょう。また、人材の養成と適材適所の好循環を生み出していかないといけません。

4つ目は、財源です。スポーツのための財源をどう見積もるのかという作業が大事になります。

スポーツ界はこれまでずっとどんぶり勘定でした。しかし、これからは計画をしっかり立てて、裏打ちのある財源を充てていく必要があります。国費から持ってくるジャンルと、自ら生み出すジャンルです。クラウドファンディングといったお金の集め方もあります。

5つ目は、それを成し遂げていくための立法措置をとることです。

■人材育成、ネットワークづくりが使命

この5つのため、2020オリンピック・パラリンピック大会のレガシーを考えるため、今回のスポーツ立国のための〝人材〟推進塾をやろうと考えたわけです。塾生にはまず、3番目の有能な人材として、ぜひとも、レガシーをカタチにする作業をリードしてほしいと思っています。例えば、都道府県知事でも市長でもいい、プロの行政マンになってもらってもいい。スポーツ行政に携わるプロの行政マンになるのです。各大学の教授、あるいは修士号や博士号を持っている人材を育てたいと考えています。

また、大きな野望ですけど、金融の分野から来ていただいてもよいのです。銀行マンとか証券マンとか、金融に精通した人材がスポーツ界に来てもらってもよいでしょう。あるいは、ベンチャーですね、事業を起こす人材を育てたい気持ちもあります。つまり、スポーツ立国推進塾は懸け橋です。プラットフォームになるような推進塾だと考えています。

さらに言えば、物書きですね、報道に関わる人も育ってほしい。第6章で話題になったメディア、

つまり伝道師です。リアルにスポーツの出来事を伝えられるような人材も育成していきたいですね。

1年間にわたるこの塾の運営に携わって、正直、もったいないなと思いました。それはどういうことかというと、こんなにも多くのきらりと輝く原石が埋もれているんだと思ったのです。我々、国会議員や省庁の関係者、大学関係者が、若者の次の一歩を応援するようなカタチをつくりたい。

新たな時代に向けては、いろんな取り組みが始まっています。例えば、インテグリティの問題では、円卓会議がスタートしました。これまでは、まさしく縦割りでした。文科省青少年スポーツ局、スポ協、JOC、JPC…。そういった組織の代表が一堂に会することになりました。インテグリティについては、ガバナンスコードをつくっていくようになりました。組織の垣根を超えたプラットフォームの役割があったわけです。

新時代の鍵はネットワーク、繋がりです。最初は小さくてもよいのです。コアな人が集まる組織をまずはつくっていかないといけません。塾長の遠藤利明先生の発想を大事にしていきたい。私はサポート役ですけど、できることはやるつもりです。党派を超えて、やっていきたいと考えています。

これからの時代、ネットワークを拡大するためには、やはりSNS（ソーシャル・ネットワーキング・サービス）ですね。思わぬところで思わぬ人とSNSで繋がっていく。まさに、現代版口コミです。推進塾にSNSの専門家がいてもいいですね。情報が一気に拡散されていきます。いや、いっそのこと拡散チームがいてもいいんですよ。もう推進塾ではフェイスブック上にグループができています。さらに外に外に広がっていくのはよいことではないでしょうか。

東京オリンピック・パラリンピックのあとも、国際総合大会は続きます。ワールドマスターズゲームスやアジア大会があれば、冬のオリンピックもやってくるかもしれません。そこで、スポーツの国際人はもっともっと必要になります。例えば、スポーツアコードの中には、多種多様な団体に関わる人材が集まります。日本も継続的に人を出してきました。これからも、継続して関わっていかないといけないでしょう。一応、2020年で国のスポーツ国際貢献策、「スポーツ・フォー・トゥモロー」が終わりますが、次の発展形が必要でしょう。

スポーツアコードに参加した時、その勢いに驚き、この価値を理解してより積極的にアプローチしてきたのは外務省、大使館の方々でした。スポーツの切口だと、海外の要人とも、垣根なく、コミュニケーションをとれると感じたという訳です。これからは、スポーツ界と外務省の在外大使館との連携は欠かせないと思います。

スポーツ界は、国際交流の潤滑油になります。ある時は国際政治を動かすものにもなりうります。これからの時代には、国際スポーツ人がどんどん出てきてほしいです。

3 出でよ、スポーツマネジメント人材

東京オリンピック・パラリンピック大会が終わったら、スポーツ界への国のお金は減っていくでしょう。そうさせないためにも、皆さんで国民にスポーツの価値観を伝えるのです。スポーツの価値を周知、啓発する仕掛けがまず、必要なんです。スポーツの感動のシーンを伝えたり、オリンピック教育・パラリンピック教育を小中学校で行ったり、です。あるいは、ユニバスを通じて、国際人を養成するのもありでしょう。

時折、〝スポーツのためにお金を使っている場合じゃないでしょ〟という批判も聞きます。そういうご批判に耳を傾けながら、〝そうでしょうかね〟と反論ができる、そういった言論の場を大事にしていきたいのです。

地域におけるスポーツも大事です。自治体の首長にスポーツコミッションをつくっていただいて、スポーツがひとづくり、まちづくりに貢献する仕組みをつくってほしい。こういうとき、トップの立場の人間がスポーツを理解したらやりやすいですね。産業の面、健康の面、経済の面、教育の面、福祉の面でスポーツを生かしていくのです。スポーツコミッションの成功事例はいくつもあります。その事例をパッケージとして伝えていくのもよいかもしれません。

先ほどのインテグリティに関しては、ガバナンスコードをしっかりつくって、地道に動かしていくしかないでしょう。ただ、ひとつ。バドミントンの桃田賢斗選手のように、失敗してマスコミに叩かれて、社会から糾弾されても、復活できることは大変よい事例だろうと思います。もちろん、不祥事は厳罰に値します。しかし、それでその人のスポーツ人生を終わらせるのではなく、復活のプログラムを用意することも必要だろうと思うのです。

また、箱モノの典型は、新国立競技場でしょう。持ち主はだれかといったら、ＪＳＣです。縦割りにしないで、有能なマネジメント人材を持ってくればよいのです。それで、運営することでカネを儲けていくのです。固定観念を捨てて、（命名権の）スポンサーを持ってきてもよいかもしれません。国民の税金やｔｏｔｏのお金を使って建てたのですから、スポーツを愛好する国民、企業、都民、区民が日常に使えるようにしてほしい。それがまたお金を生み出して、より人が集まるようになればよいのです。新国立競技場に行ったら何か面白いことがある。そういったイベントを日常的に伝えていくことが、（東京オリンピック・パラリンピック大会の）レガシーだろうと思うのです。

＊

さぁ、ここまで読まれた皆さまにはもう分かっていただいたでしょう。

新しい令和の時代に向け、東京オリンピック・パラリンピックではメダルより大切なものがあるのです。人材育成にしろ、箱モノにしろ、感動にしろ…。

新たな国づくりの礎となるもの、それがレガシーなのです。

（馳浩）

【編著者】
遠藤利明｜衆議院議員。文部科学副大臣、2020年東京オリンピック・パラリンピック大臣等を歴任し、現在は東京オリンピック・パラリンピック競技大会組織委員会会長代行とともに、自民党2020オリンピック・パラリンピック東京大会実施本部長、公益財団法人 日本スポーツ協会副会長等を務める。
馳　浩｜衆議院議員。2020年オリンピック・パラリンピック東京大会実施本部本部長、文部科学大臣、教育再生担当大臣等を歴任し、現在は東京オリンピック・パラリンピック競技大会組織委員会理事、自由民主党教育再生実行本部長、スポーツ立国調査会 会長等を務める。
【著　者】(掲載順)
遠藤利明｜上掲
河野一郎｜筑波大学特命教授／学長特別補佐、2020年東京オリンピック・パラリンピック組織委員会副会長。日本オリンピック委員会（以下、JOC）理事、日本アンチ・ドーピング機構理事長、日本スポーツ振興センター理事長、日本ラグビーフットボール協会副会長、国際ラグビー連盟理事、ラグビーワールドカップ2019組織委員会事務総長代行を歴任し、「スポーツ庁創設」に関する超党派議員連盟プロジェクトチーム有識者会議座長等を務める。
境田正樹｜東京大学理事、弁護士。Bリーグ理事、日本ラグビー協会理事、スポーツ庁スポーツ審議会委員、全日本テコンドー協会検証委員会委員長を務める。スポーツ基本法の制定をはじめ、多くのスポーツ団体のガバナンスの強化・改善、男子プロバスケットボールリーグ「Bリーグ」の創設、大学スポーツ協会（UNIVAS）の設立、全日本テコンドー協会の改革などに尽力。
勝田　隆｜筑波大学客員教授。日本体育協会（現 日本スポーツ協会）理事、JOC選手強化本部常任委員、日本パラリンピック委員会運営委員会委員等を歴任。コーチング学、スポーツ情報戦略が専門。
友添秀則｜早稲田大学理事、同大学スポーツ科学学術院教授。JOC常務理事、スポーツ庁スポーツ審議会の会長代理等多くの学外委員を務める。「運動部活動の在り方に関する総合的なガイドライン」（スポーツ庁，2018）、「スポーツ団体ガバナンスコード」（同，2019）等の取りまとめを行う。スポーツ倫理学・スポーツ教育学が専門。
佐野慎輔｜尚美学園大学特任教授。産経新聞客員論説委員、笹川スポーツ財団理事／上席特別研究員。産経新聞シドニー支局長、編集局次長兼運動部長、取締役サンケイスポーツ代表等を歴任し、日本オリンピック・アカデミー理事。東京オリンピック・パラリンピック組織委員会メディア委員、野球殿堂競技者表彰委員等を務めた。スポーツメディア学が専門。
玉木正之｜スポーツ文化評論家。主な著書は『スポーツとは何か』（講談社 現代新書）、訳書は『ふたつのオリンピック』（KADOKAWA）。最新刊は『今こそ「スポーツとは何か？」を考えてみよう！』（春陽堂書店）。
原　晋｜陸上競技指導者。青山学院大学陸上競技部長距離ブロック監督、同大学地球社会共生学部教授。関東学生陸上競技連盟評議員、スポーツ産業化推進議員連盟アドバイザリーボード等を務めるともに、スポーツ解説者、コメンテーターとしてTV・ラジオ番組に出演。
スポーツ立国推進塾第一期生｜本文掲載
馳　浩｜上掲
松瀬　学｜日本体育大学准教授。共同通信社で記者として活躍後、ノンフィクションライター、スポーツジャーナリストとして多様なスポーツ種目を取材。執筆業とともにラグビーワールドカップ2019組織委員会広報戦略長や国立競技場将来構想WG施設利活用（スポーツ）グループ委員等を務めた。スポーツジャーナリズム論が専門。

【スポーツ立国推進塾】
塾　長：遠藤利明
副塾長：馳　浩
運営委員：河野一郎（委員長）、勝田　隆、久木留毅、境田正樹、佐野慎輔、友添秀則、野川春夫
編集担当：友添秀則（委員長）、佐野慎輔（副委員長）、松瀬　学
運営調整：安東英昭

スポーツフロンティアからのメッセージ——新時代《しんじだい》につなげたい想《おも》い——

NDC780／vi, 217p／19cm

初版第一刷——二〇二〇年六月一日

編著者——遠藤《えんどう》利明《としあき》・馳《はせ》浩《ひろし》

発行者——鈴木一行

発行所——株式会社 大修館書店
〒一一三-八五四一 東京都文京区湯島二-一-一
電話03-3868-2651(販売部)
03-3868-2299(編集部)
振替00190-7-40504
[出版情報]https://www.taishukan.co.jp

本文・装幀デザイン——精興社
組版・印刷——精興社
製本所——ブロケード

ISBN978-4-469-26893-5 Printed in Japan